DOROTHY TINFIELD

Und wenn man nicht mehr weiter will?

Dorothy Tinfield

Und wenn man nicht mehr weiter *will?*

Die Geschichte eines Lebens

Bibliografische Information der Deutschen Nationalbibliothek
Die Deutsche Nationalbibliothek verzeichnet diese Publikation in der Deutschen Nationalbibliografie; detaillierte bibliografische Daten sind im Internet über http//dnb.dnb.de abrufbar.

Soweit nicht anders angegeben, sind die Bibelzitate folgender Ausgabe entnommen: Neues Leben. Die Bibel (2006)
Weiter wurden verwendet: Elb = Elberfelder Bibel (1871)

Sie finden mich auch auf Facebook unter
facebook.com/dorothy.tinfield

Umschlaggestaltung und Satz: St. Alcuin of York Anglican Publishers
Cover-Grafik: © kaalimies / Fotolia
Druck und Herstellung: BoD – Books on Demand, Norderstedt
Printed in Germany
ISBN: 978-3-945233-06-1

… für meinen Sohn Dave.

Denn Gott ist's, der in euch wirkt beides,
das Wollen und das Vollbringen,
nach seinem Wohlgefallen
PHILIPER 2,13

Ich danke den lieben Menschen, die mich unterstützten. Besonders Dir liebe C. für das Korrekturlesen und den Mut, den Du mir machtest.

Die Fehler, die jetzt noch vorhanden sind, sind diese, die ich beim Überarbeiten übersah oder wieder hineinfabrizierte, wenn ich an Inhalten erneut herumdokterte.

Inhalt

Vorspann

Wo gehe ich hin, wo komme ich her?

Was soll werden?
Wie kann ich weiterleben?
Wovon soll ich finanziell überleben?
Und wer gibt mir Mut und Kraft überhaupt weiterzumachen, weiterzukämpfen und wofür?
Wenn alles sinnlos erscheint, keine Perspektive, keine Motivation?

Ich funktionierte rein mechanisch, wie aus einem Instinkt heraus. Eigentlich kam ich mir vor wie gestorben, lebendig tot! Und doch seltsam getragen. Etwas in mir war stärker, funktionierte an meiner statt, setzte mich in Gang und ließ mich von Ermutigung zu Ermutigung stolpern und hoffen, dass auch eines Tages wieder Lachen möglich sein würde, Freude, vernarbte Wunden, vielleicht sogar geheilte?

Unruhig und unausgeschlafen wachte ich an diesem Morgen früh auf. Heute wollte ein Herr vom „gefürchteten" Gesundheitsamt aufkreuzen, um sich meine Örtlichkeiten anzuschauen. Denn ich hatte beschlossen, eine kleine Pension zu eröffnen in dem leeren Haus, in dem ich völlig allein und in eben dieser Verfassung zurückgeblieben war.

Mein Haus, an das ich auf wunderbare Weise gekommen war. Das Haus, in dem ich Kindheit und Jugend verbrachte,

also der Platz, der mir in meinem Leben am meisten Heimat bedeutet hatte – dieses Haus gehörte nun mir.
Allerdings bevölkerte ich es ganz alleine. Meine restliche Familie war auf die eine oder andere, aber immer schmerzliche Weise von mir gegangen.
Kein besonderes Haus. Nicht wirklich alt und nicht neu. Aber trotzdem nicht ohne Reiz. Hier kam mir meine jahrelange Sammelleidenschaft sehr zugute. Zusammengetragene Schätze, für mich jedenfalls, erhielten nun ihren eigentlichen Bestimmungsort im und ums Haus. Am Waldrand gelegen und so recht zum Abtauchen geeignet, hab ich es mit ein paar verwunschenen Sitzecken versehen, mit Wasserspielen an einem kleinen Teich, unprofessionell aber romantisch. Und unter dem Vordach prangte mein Stolz: Ein alter Kohleherd auf geschwungenen Füßen, der später so manch einer geselligen Runde zur gemütlichen Wärmequelle und Kochstelle wurde. Mittel zum kostenaufwendigen Renovieren fehlten einfach. Also musste ich mit eigenen Ideen meine kleine Welt gestalten. Ob die Ideen gerade dann fließen, wenn die Mittel fehlen?
Jedenfalls empfanden viele Besucher mein Domizil als eine Welt für sich und anders! Die Stadt machte mir so hohe Auflagen, dass ich fast keine Chance hatte. Wie sollte ich all diese Bedingungen erfüllen? Ich wollte doch kein Hotel eröffnen, sondern so eine kleine Pension in privater Atmosphäre, ein Hauptzimmer und zwei kleine Ausweichräume für Familienanhang. Aber wie durchbricht man deutsche Bürokratie? Eine Gastronomieküche, wo ich doch nur kalte Speisen wie Frühstück und Abendbrot anbieten wollte! Tagelang hatte ich gewienert und geräumt. Vor allem die Küche auf Hochglanz poliert.

In der Nacht einwickelte sich in meinem unruhigen Gehirn der Plan, noch in aller Frühe die Kellertreppe zu streichen, damit ich einen ordentlichen Lagerplatz für Lebensmittel vorweisen könnte.
Völlig übereilt und undurchdacht begann ich Treppe und Wände zu weißen. Geschafft! Noch die untere, letzte Stufe und dann hoffte ich, dass der Mann von Gewerbeaufsichtsamt sich noch etwas Zeit mit seinem Aufkreuzen lassen würde, damit alles in Ruhe trocknen könnte.
Pustekuchen! Das Telefon schellte und ich rannte durch die Kellertüre hinaus, um zur Hintertüre in die Wohnung an den Apparat zu gelangen, bevor er aufhörte zu bimmeln.
„Klöckner, Gesundheitsamt, ich bin in zehn Minuten bei Ihnen!"
Ach du meine Güte!
Sowie ich auflege, mich betrachte, von Kopf bis Fuß voller Farbe, marschiert just meine pechschwarze Katze die frisch gestrichene Treppe hinab. Auf der zweiten Stufe rutscht sie aus, um die restlichen zehn hinunterzupurzeln.
Schneeweiß die Katze, Rollspuren auf der Treppe und das nicht genug, denn kopflos und zeternd renne ich hinter dem Vieh her, damit auch meine Spuren noch verewigt würden. So zog sich dann zusätzlich zu der Katzenspur eine nachfolgende Barfußfährte durch den gesamten Keller. Ein kurzer Kampf mit der Katze, denn ich musste das sich wehrende Bündel komplett ins Wasser tunken und ordentlich rubbeln. Die Minuten tickten, aber rechtzeitig stand ich dann doch geduscht und sauber vor dem gefürchteten Mann. Und ich hatte Angst, dass meine Zukunftsträume, wenn man von solchen überhaupt reden konnte, hier abrupt ihr Ende fanden.

Teil 1

Kapitel 1

Freitag, der 13.

Ich bin nicht abergläubisch, aber das Datum und die Geschehnisse dieses markanten Tages passen gut überein. Dieser Tag war der zweite Abschnitt meines Lebens, obwohl ich erst sieben Monate zuvor das Licht der Welt erblickt hatte. Und doch begann hier mein Leben, das ich lebte, in das ich gesetzt wurde und über dessen gütige Fügung ich leider erst vollständig überzeugt wurde, in der späteren Rückschau auf die gesamte Tragweite der Ereignisse.

Es war ein kalter, trüber Dezembertag. Die Straßen glatt, als ein kinderloses Ehepaar sich auf die zukunftsträchtige Reise begab, die ihr Leben komplett ändern sollte. Denn sie holten sich ein süßes, kleines Mädchen aus einem Kinderheim, was sie wie ihr eigenes lieben wollten, und das sie wahrscheinlich nie geholt hätten, hätten sie in die Zukunft blicken können.

Wie gut, dass uns überhaupt dieser Blick verwehrt ist, denn sonst hätten wir alle vieles nicht gemacht, vielleicht sogar nicht Leben wollen.

Gut verpackt in einer Tragetasche schrie das nette Geschöpfchen wohl die ganze Rückreise. Denn auch es wurde in ein neues Dasein katapultiert. Und später, weil sich eine Katastrophe anbahnte in Form von einem riesigen Felsblock, der von einem LKW herabstürzte, und unseren PKW völlig erfasste und den vorderen Teil des Autos zermalmte. Wie durch ein Wunder kamen die Insassen des Wagens unbeschadet mit Schock davon.

So begann der steinige Weg!
Dieses Bild, wie ich in die Familie Einzug hielt, ist eigentlich auch ein treffendes Bild von meinem gesamten chaotischen Wesen und Werdegang, und ich muss sagen, dass ich manchmal etwas darum gegeben hätte, ein wenig gewöhnlicher zu sein und zu funktionieren. Für lange, lange Zeit.
Später öffnen sich für mich auch die Türen zu den ersten sieben Lebensmonaten, deren Geschichte und Vorgeschichte, doch das bleibt vorerst noch versiegelt.

Ich verlebte eine sehr schöne Kindheit im Hause meiner Eltern. Und doch verdunkelten einschneidende Erlebnisse diese sonnige Zeit, Erlebnisse, an denen ich unschuldig war, doch auch später gerade zu den Dinge beitrugen, die mir und anderen das Leben zur Qual machen sollten.
Alles erschien mir anfangs so rein und friedlich, obwohl ich schon immer ein störrisches Kind war, hab es aber nicht wahr genommen. Mein Sehnen jedenfalls ging immer wieder gerade in diese unbeschwerte Zeit zurück.
Meine treue Jugendfreundin begegnete mir im Bach neben dem Haus und dort knüpfte sich ein Band das viele Jahre eine kostbare Freundschaft besiegelte. Wir hatten die gleichen Flausen im Kopf. Unser Idol war Emma Peel von "Mit Schirm, Charme und Melone", eine Agentin, die uns ungeheuer beeindruckte. Wir übten uns im Kämpfen, Klettern und gingen detektivischen Spuren nach. Leute beschleichen, so wie wir es nannten, war unsere Spezialität. Unsre Residenz war ein großes Baumhaus, gut versteckt vor etwaigen Zerstörern, hoch oben im Baumwipfel. Als Auf- und Abstieg dienten uns „Lianen". Leider war Lernen nicht unsre Leidenschaft und wir sahen auch keinen Sinn darin. Unser Leben spielte in anderen Gefilden.

Auch hatte sich ein Bruder zu mir gesellt, ebenfalls adoptiert. Dieser neuen Situation stand ich zuerst sehr skeptisch gegenüber. Als Mama und Papa ihn als 15 Monate altes Kleinkind anschleppten, war mein Protest sehr entschieden ablehnend. „Den könnt ihr gleich wieder wegbringen, den wollen wir nicht und den brauchen wir auch nicht!" Ich war gerade drei Jahre alt. Aber ich muss mich wohl doch an ihn gewöhnt haben, denn irgendwann mochte ich ihn sogar richtig gern. Unsere Sympathie äußerte sich allerdings gelegentlich recht lautstark und kämpferisch, das heißt, ich war der Angreifer, der Provokateur!
Er war meiner Natur völlig entgegen. Liebenswürdig, ruhig, sanft, das Gegenteil meines aufrührerischen Wesens, das schwer zu lenken war. Er war der Charmeur, der die Herzen der Eltern erfreute. Dadurch hatte er Narrenfreiheit. Ihm vertraute man, ihm glaubte man, ihn liebte man. Und für welchen späteren Preis!
Er hatte die große Gabe, seine Ohren zu verschließen vor Worten, die er nicht hören wollte. Er hörte still zu aber ohne jegliches Aufmerken, auf Durchzug geschaltet! Wohingegen in meinem Gehirn alle Worte explodierten, die mir zuwider waren und es sich in lautstarkem Protest und hysterischen Ausbrüchen offenbarte.
Morgen für Morgen musste ich ihn schweigend beim Frühstück „ertragen" vor sich hinglotzend und wiederkäuend wie eine Kuh. So empfand ich es damals. Auch wenn ich ihn ansprach, folgte keinerlei Reaktion.
Seine Ideen äußerten sich teils auf recht makabere Art und Weise. Eine Begebenheit werde ich wohl nie vergessen, denn sie hätte mich fast einen Herzstillstand gekostet. Da waren wir aber schon pubertierende Teenies. An besagtem Abend stehe ich in meinem Zimmer vor dem Spiegel, als sich laut

quietschend meine Schranktüre öffnet und sich eine Gestalt von hinten auf mich zubewegt. Sie hatte einen Hut auf dem Kopf und das Gesicht mit einem Seidenstrumpf maskiert. Ein langer dunkler Mantel und Handschuhe, die sich immer näher an meinen Hals schoben. Und wohlgemerkt, all das beobachtete ich im Spiegel! Der Schrei blieb mir im Halse stecken und ich verharrte in völliger Erstarrung. Irgendwie hatte James (von Papa liebevoll Jamie genannt) erkannt, dass das kein Spaß mehr war und riss sich den Strumpf vom Kopf – mein doller Bruder!
Wenn er im Dunklen nach Hause kam, hörten wir ihn schon von weitem, denn vor lauter Schiss ging er laut singend durch die Straße. Auch Abend für Abend sang er sich melodramatisch in den Schlaf. An diese Konzerte gewöhnte ich mich. Wenn sie ausblieben vermisste ich sie sogar.
Die schönsten Mädchen der umliegenden Dörfer und Schulen standen vor unserer Tür. Alle liebten Jamie. Er sah auch zu drollig aus mit seinen süßen Locken und braunen Augen. Aus diesem Aussehen schlug er später Kapital... viel später! Er strickte seinen Verehrerinnen lange Schals und Pullover. Und die ergreifendsten Liebesbriefe landeten in unsrem Kasten.

Die erste bewusste Betrübnis erlebte ich mit sechs Jahren. Wir hatten eine große Verwandtschaft, viele Vettern und Cousinen und innige Kontakte hin und her. Wir liebten die Ausflüge zu den Verwandten, denn da sie alle viele Kinder hatten, war immer etwas los. Und so kam es auch oft vor, dass wir Feriencousins und -cousinen da hatten, die dann längere Zeit bei uns blieben. An sich herrlich, weil wir uns alle liebten. Und doch bleibt der übliche Zank und Streit trotz allen Mögens nicht aus.

Ich spielte mit meiner etwas älteren Cousine und einigen Nachbarskindern auf der Straße Gummitwist oder vielleicht Hock'sche, als es zu einem Streit zwischen uns beiden kam. Ein harmloser Streit, der mit dem entscheidenden Satz endete, der mein Leben von da ab veränderte und viele Jahre prägte. Ein kleiner gehässig dahin-geworfener Satz, welch große Wirkung!
„Was willst du denn überhaupt, du bist doch sowieso nur aus dem Heim!"
Nur aus dem Heim? Papa und Mama gar nicht meine Eltern? Ein minderwertiges Geschöpf, nur zweite Wahl? Nur... nur... nur...!
Das klang so schrecklich. Weinend lief ich heim. Nur um mir die Bestätigung dessen zu holen, was ich da zuvor vernommen hatte. Es nützten keine Tränen der Eltern, die mich davon zu überzeugen suchten, dass ich von ihnen geliebt wurde. Es half kein liebevolles auf mich Einwirken. Der Stachel saß! Und wirkte wie vernichtendes Gift.
Ein weggeschmissenes Kind. Ein Mensch, den man nicht wollte. Ich sah viele Jahre nicht, dass ich sehr wohl gewollt war, geliebt!
Sehr geliebt sogar!
Wenn meine Cousine dies wusste, dann wussten es sicher noch eine ganze Menge anderer Leute. Und ich schämte mich! Schämte mich meiner Herkunft, meines Daseins, fühlte mich unwert, minderwertig, und das über viele Jahre hinweg.
Von da an war das unbeschwerte meines Lebens dahin! In mein ohnehin labiles Selbstbewusstsein stach dieser „Makel" in die schwächste Stelle. „Zweite Wahl", so wie die billigen Eier, das schlechtere Obst... mindere Ware! Ich war hübsch, nicht dumm, wurde geliebt, hatte liebe Freundinnen, be-

sonders meine Olivia, aber es nützte alles nichts!
Ich kam mit mir und dem Leben nicht klar!
Tja, und dann wird der Weg der Suche nach Anerkennung und Bestätigung zu einer großen Gefahr, die denen Tür und Tor öffnet, die das auszunutzen wissen.
So hatte ich einige um viele Jahre ältere Cousins, die sich besonders um mich kümmerten. Sie gaben mir „Zuneigung und Liebe“, sie missbrauchten mich. Oh nein, sie taten mir nie weh! So weit gingen sie nicht. Und ich, ich ließ es zu! Irgendwie wollte ich es sogar! Ich war erst sieben! Ich verwechselte es mit Liebe und Zuneigung. So zerstörten sie den Rest meines übriggebliebenen, unbekümmerten und bis dahin noch unschuldigen Lebens. Dieser Spuk zog sich über Jahre hin. Aber zum Glück waren die Gelegenheiten nicht so häufig gegeben.
Auch damit wurde ich jahrzehntelang nicht fertig. Fand mich schuldig, verdorben für alle Zeiten! Eben diese minderwertige Ware, die für solche Wege herhalten muss.
Da ja eines das andere hinter sich herzieht, ging mein Weg rapide und steil bergab. Hinzu kommt wohl auch eine erbliche Veranlagung, die ich aber erst viel später rekonstruierte.
Jetzt jedenfalls geriet ich in einen Sog, ein Strudel, dem ich nicht standhalten konnte, sondern der mich mit sich fortriss, unaufhörlich, stetig und immer tiefer nach unten.

Kapitel 2
Der Sog tut seine Wirkung

Früh begann ich Zigaretten zu rauchen. Die stibitzte ich immer aus der Zigarettenpackung von Papa. So ganz vorsichtig ein oder zwei am Tag. Meine Kumpanin war wie immer die Olivia. Das Rauchen gestaltete sich für uns wie ein feierliches Ritual. Entweder auf einem Jägersitz, in unserem geliebten Baumhaus, oder in irgendeiner Höhle, die wir ausfindig gemacht hatten. In dieser Höhle fanden wir übrigens auch Tierskelette und einen Personalausweis von einem Mann. Wir bauten uns à la Emma Peel einen Krimi daraus zurecht und wollten dem „entflohenen Sträfling" auf die Schliche kommen, indem wir diesem Phantom auflauerten. Wenn jetzt jemand denkt, ich hätte früh begonnen mit der Raucherei, so muss ich hier einfügen, dass mein Sohn mich bei weitem übertraf. Er traf sich mit fünf Jahren heimlich mit Teenies, die ihren Spaß daran hatten, den kleinen Kerl, gerade trocken hinter den Ohren, zum Rauchen zu animieren. Und sie hätten es nicht mit meinem und Bens Sohn zu tun gehabt, wenn sie dies nicht geschafft hätten!

So etwa mit 13 Jahren lernte ich Freundinnen auf dem Gymnasium kennen, die mir mehr zu bieten hatten als nur Zigaretten, und ich begann zu kiffen. Dazu gesellte sich aber gleichzeitig ein unheimlicher Zwang nach Alkohol. Ich denke, es war einfach das Bedürfnis, sich den Kopf zuzudröhnen! War mir das Leben zu schwer? Ich weiß es nicht! Nicht selten besoff ich mich bis zur Bewusstlosigkeit. Es geschah manchmal, dass ich nach Hause getragen werden musste. Meine Freunde schellten an der Haustüre und rannten dann schnell weg. Wenn von innen die Türe geöffnet wurde, fiel ich im Flur um, oder kotzte alles voll.

Wie oft saß ich zugekifft oder angetrunken beim Abendessen. Ich musste zu der Zeit immer zum Essen daheim sein. Aber ansonsten erinnere ich mich nicht großartig an Strafen. Außer, dass meine Eltern mich ziemlich kurz angebunden hielten und meine Ausgehzeiten beschnitten.

Eine Erziehungsmaßnahme scheiterte derart peinlich, dass meine Eltern sich später doppelt und dreifach überlegten, wie mit mir zu verfahren sei. Jedenfalls lautete diese Straf-Exekution am Samstag Abend anstatt „auf den Jöck“ zu gehen – so sagte Mama immer und ich fand den Ausdruck einfach scheußlich – mit zur Kirche! Irgendwie hatten sie das Bedürfnis, mich mit zu Gott zu schleifen, obwohl sie selber eigentlich mehr der Form halber gingen und weil ein ordentlicher Mensch es so tut.

Man hatte mich an diesem Tag aus der Schule nach Hause tragen müssen, so sehr hatte ich mich mal wieder betrunken. Diese Erziehungsmaßnahme Kirche vergaß ich nie.

Jedenfalls fand ich mich auf der Empore wieder, weil ich da ein bisschen anonymer verweilen konnte, so dachte ich, bis meine elende Übelkeit und die dünne Luft in den oberen Rängen bewirkten, dass ich im hohen Bogen meinen Magen vollständig über die Brüstung hinaus nach unten über der letzte Bankreihe entleerte und dann zusammenbrach. Ob und wieviele Menschen eine Kostprobe meiner Innereien bekamen weiß ich nicht, da ich später nie mehr wagte, diesen Abend auch nur zu erwähnen. Ich fiel jedenfalls erst einmal um und wurde hinausbefördert, was für mich bestimmt mildernde Umstände bedeutete.

Einmal wollte Papa mich aus der Disko holen, aber das Warnsystem dort funktionierte optimal, da sich diese Szene von besorgten Eltern öfter abspielte. Damals gab es kaum Diskos und unsre Eltern konnten das nicht einordnen. Für sie waren es einfach ganz schlimme, gefährliche Orte. Ich wurde jedenfalls rechtzeitig zum Hinterfenster hinausgeschleust. Papa hatte das wohl geahnt und nahm mich draußen in Empfang, bzw. entwischte ich ihm vor der Nase und rannte seltsamerweise heim, von ihm gefolgt auf den Fersen. Ich schloss mich in mein Zimmer ein, aber er war so wütend, dass er plötzlich im Zimmer stand. Da die Tür nicht kaputt ist, nehme ich an, dass ich selbst aufgemacht habe. Ich weiß, dass ich mich unter meine Bettdecke verkroch und er auf mich und ich auf ihn einschlug, beide heulend.
Dieser Mann, der mich als kleines Kind so sehr liebte, dass es schon sprichwörtlich in der Nachbarschaft war!
Dieser Mann, der in der Schule um mich bettelte!
Und jetzt kämpfte er immer noch für mich!! Was hab ich ihm nur angetan? Und das ist ja erst der Anfang!

Ich besuchte wie schon erwähnt damals das Gymnasium. Klug genug war ich wohl, aber stinkfaul. Hinzu kam Aufsässigkeit und Rebellion. Teilweise tranken wir vor der Schule schon Schnaps, geklauten, aus dem Supermarkt! Immer wieder kam es vor, dass wir Lehrer anhauchen mussten. Das bewirkte, dass wir uns fürchterlich über diese „Frechheit“ aufregten und hetzten. Ich hatte meine Gleichgesinnten, aber was viel schlimmer war, war die Tatsache, dass ich auch brave Mädchen mit in meine Machenschaften hineinzog. Bis dahin wohlerzogene Töchter kamen plötzlich betrunken heim.

Als ich sitzen blieb, weigerte sich ein Lehrer, mich in seine Klasse aufzunehmen, aber Diktat von Oben, er musste!
Dafür hasste er mich und ich ihn!
Ich durchwanderte mehrere Klassen doppelt, bis ich von der Schule musste. Mehrere ungenügend auf dem Zeugnis und eine Bemerkung in Betragen, die wohl selten auf einem Zeugnis gestanden hat. Ich hab's mir als Warndokument verwahrt, obwohl ich heute schon wieder soviel Abstand habe, dass ich leider drüber grinsen muss.

Die Realschule wollte mich auch nicht. So ist Papa bettelnd und gute Kinder versprechend, zu diesem Direktor gegangen. Und er hat sich erweichen lassen, es mit uns, das war Jamie ebenfalls, für ein halbes Jahr zur Probe, zu versuchen. Der gute Mann! Heute danke ich ihm noch für seine Menschlichkeit. Diesen Mann wollte ich nicht enttäuschen und ich gab mir viel Mühe. Klar, ich blieb ich, aber ich erkannte eben das Wohlwollen und das spornte mich an. Ich empfand es als ermutigende Zeit und die Lehrer kamen mir wie Menschen vor.
Mit 19 hatte ich dann meinen Realschulabschluss! Und nicht mit Glanz und Gloria!
James hatte mit mir die Schule gewechselt, aber bei ihm lag das anders. Er war ein lieber, aber kein guter Schüler. Er hatte es einfach schwer, die nötige Leistung zu bringen.
Eines Tages verließ er das Haus wie immer, um zur Schule zu gehen und tauchte dort nicht auf. Ebenfalls sein Freund. Als sie auch später nicht zuhause eintrafen, wurde die Sache schon merkwürdiger.
Von vielen Nöten zerrissen, trampte James mit seinem Freund über die Grenze ins Nachbarland. Er hinterließ uns ein faszinierendes Tagebuch, indem er herzzerreißend seine

Nöte schilderte. James hatte eine Art sich auszudrücken, dass ein Deutschlehrer ihm vor Begeisterung die Note sehr gut mit Sternchen verlieh!
Er blieb Wochen weg. Er war erst 14. Die Sorgen hier zuhause waren unerträglich! Kein Hinweis, kein Lebenszeichen! Interpol wurde eingeschaltet.
Eines Tages rief er von der Grenze an und bat flehentlich geholt zu werden.
Stinkend und hungrig brachten die Eltern ihn heim. Papa erzählte später, er hätte gemeint, zwei Kühe hinten im Auto zu befördern, so müssen die beiden gestunken haben.
Ja, sie hatten die Wochen wie Clochards verbracht, pennend im Freien oder in Obdachlosenasylen, wo sie auch manch Elend und Zwielichtigkeit mitbekommen haben. Sie versuchten zu jobben, dabei muss Jamie wohl in einem Imbiss mit dem Serviertablett die Glastheke zerdeppert haben und ihnen blieb nur die Flucht. Ständig hatten sie Angst geschnappt zu werden. Als die große Reue kam, versuchten sie, sich zu stellen, wurden aber von der Polizei nicht ernst genommen. Erst Angst vor der Polizei, später Hilfe suchend abgewiesen.
Viele Jahre später, James war schon verheiratet, ging er mal kurz aus dem Haus, nur um die Ecke Zigaretten holen, und kam nie wieder. Seine Frau löste die Wohnung auf und zog weg – und siehe da, ein halbes Jahr später reiste er ihr nach und beteuerte ihr seine große Liebe. Einige Jahre blieben sie noch zusammen, bekamen zwei Kinder, James eröffnete eine gutgehende Massagepraxis und es ging ihnen gut. Zu gut? Wenn James nicht so eine Lust zu so einem verpflichtenden Leben gehabt hätte!
So begann er zu spielen – bis seine Frau Konsequenzen zog! Und auch mit ihm ging der Weg bergab!

Mittlerweile hatte ich einen festen Freund. Ich war 15. Mit diesem war ich drei Jahre lang zusammen, die längste und beste Beziehung die ich jemals haben sollte. Er war gut zu mir! Er baute mich auf, gab mir Selbstbewusstsein. Er fand mich schön und ich begann es sogar ein wenig zu glauben. Er half mir sehr, mich anzunehmen wie ich war, wertvoll für ihn! Wertvoll überhaupt?
In dieser Zeit lebte ich relativ solide. Ich hatte Perspektiven, Zukunftsgedanken und -vorstellungen! Es lief mit der neuen Zeit in der neuen Schule konform.
Bau einen Menschen stabil genug auf, sodass er selbst das Laufen lernt, dann tritt er dich in den Hintern. Zumindest war ich Miststück genug, um so zu handeln!
Als ich mich dann selbst als doch nicht ganz so minderwertig ansah, kamen natürlich auch „höher gesteckte Ziele“. Gab es denn nicht einen besseren, besonders hübscheren Mann, einen, mit dem man auch äußerlich angeben könnte? Das waren meine damaligen Wertvorstellungen. Ich begann mich umzusehen und F. zu betrügen.
Mittlerweile war er bei der Armee. Und ich hatte nach mehreren Kostproben jemanden kennengelernt, bei dem ich „bleiben“ wollte.
Wie zieht man sich am besten und schmerzlosesten aus der Affäre? Man ruft einfach in der Kaserne an und macht mal eben telefonisch Schluss!
Diesen Schlag verkraftet nicht jeder so einfach. F. nicht!
Bei einem Manöver explodierte eine Handgranate in einem Brunnen und F. blieb wie durch ein Wunder unverletzt. Was letztendlich geschah, weiß ich nicht. Es wurde viel gemunkelt. Tatsache ist, dass F. versuchte, sich das Leben zu nehmen und viele Monate lang psychiatrisch betreut werden musste.

Da ich ja so ein verständnisvoller Mensch bin, so dachte ich tatsächlich von mir, schrieb ich F. einen theatralischen Brief, er könne sich immer an mich wenden, ich wolle ihm immer eine vertraute Freundin sein. So leichte Worte, die ich weder halten konnte, noch wollte. Diesen Brief fand ich beim Räumen vor einiger Zeit auf dem Speicher. Beim Lesen sträubte sich mir mein eigenes Fell. Wieso ich ihn dort fand, weiß ich nicht. Jahrelang konnte ich F. nicht in die Augen schauen, hab mich abgewendet bei Begegnungen. Er ahnt nicht, wie leid mir heute mein eigenes Verhalten tut. Und doch, ich hätte auch nicht bei ihm bleiben können, denn es war keine Liebe, die uns verband, zumindest nicht von meiner Seite aus. War er damals für mich gut genug, eine Lücke zu füllen?

Diese drei Jahre waren wie eine Bremse in meinem Leben, dass dann anschließend wieder den Abwärtskurs nahm. Mehrere kurze Beziehungen folgten. Alle mit Zank, Streit, Betrug, Alkohol und Drogen. Mittlerweile verkehrte ich in Kreisen, wo es völlig normal war, von einem zum anderen zu springen, normal, zu betrügen und betrogen zu werden. Selbst die besten Freunde schreckten nicht zurück, einander zu hintergehen.
Durch dieses lose Leben entsteht ein ganz typischer Effekt. Man geht den soliden Menschen aus dem Weg, weil man sich des eigenen Versagens sehr wohl bewusst ist. Die Folge ist, dass man sich noch enger an das Milieu anschließt. Dort findet man die Gleichgesinnten, ist man Eine von ihnen. Ich war leidenschaftlicher Kiffer – es bekam mir besser als Alkohol. Anfangs war es sogar schön. Doch wie sehr es die Psyche zerstört, habe ich erst viel später gemerkt, zu spät! Und es bleibt nicht beim Kiffen.

Der Eine bringt Speed mit, der Andere Trips und der Dritte schleppt Koks an. Als Frau hatte man es sowieso immer leichter „eingeladen“ zu werden.
So vergingen die Jahre parallel zu meiner Berufsausbildung als Erzieherin.

Kapitel 3

Ausbildungs- und „Bildungsjahre" (Auf der Suche nach dem Glück!)

Ich zog Hals über Kopf von zu Hause aus.
Ich wollte frei sein.
Und das sollte ich auch bekommen, aber ganz anders, als ich es mir je vorgestellt hätte.
Ich hatte mittlerweile eine neue Beziehung zu einem Mann mit eigener Wohnung. Er gehörte zu der Clique der bestaussehendsten und trinkfestesten Typen in der Gegend. Ich fuhr ihm sein gutes neues Auto kaputt. Vier weitere Personen brachte ich mit in Gefahr, einer davon schwer verletzt. Er wurde aber zum Glück wieder gesund, um sich dann später selbst das Leben zu nehmen.
Zugekifft und betrunken am Steuer, es gab ein kleines Handgemenge zwischen uns, raste ich mit überhöhter Geschwindigkeit frontal gegen eine Hauswand. Drei Wochen lag ich mit schwerer Gehirnerschütterung im Krankenhaus! Mein Führerschein war weg und ich hatte eine Anzeige am Hals. Da ich durch die Scheibe flog, nicht angeschnallt, hatte ich Schnittwunden unter dem Auge und die Halsschlagader knapp verfehlt. Und ein schlechtes Gewissen, da ich nie das Geld haben würde, dieses nicht abbezahlte Auto zu ersetzen. Da ich nichts anderes hatte als mich selbst, gab ich eben mich! Ich zog zu ihm, dachte dadurch irgendwie etwas gutzumachen. Er ließ mich bei mancher Gelegenheit spüren,

dass ich tief in seiner Schuld stand! Ich war in der Ausbildung, hatte wenig Geld. Er verdiente unseren Lebensunterhalt...und hielt mich natürlich absolut knapp!
An Wochenenden schliefen immer Horden von Kumpels, besoffen und stoned bei uns im Wohnzimmer. Einer pinkelte in den Fernseher, weil er die Toilette nicht mehr fand. Ein anderer schmiss alles, was auf dem Tisch stand, samt Decke aus dem Fenster. Einmal fand ich morgens alles voller Blut bespritzt vor, ein anderes mal brannte unsere Wohnzimmerlampe ab und das schönste: Diese Wohnung und all ihr Treiben wurde von der Polizei überwacht, was ich aber erst viel später erfuhr, zu einem Zeitpunkt, als ich bei der Kripo vorgeladen wurde zwecks Verhör und dann eine Menge Fotos aus unserem Wohnzimmer vorgelegt bekam.

Das lose Leben wurde für uns zur Normalität. Das machten wir alle. Auch ich hatte ständig irgendwo irgendetwas nebenher am knistern, mal mehr oder weniger ausgeprägt.
Aber wie oft habe ich mich damals schon geschämt für dieses lose Leben.
Wenn wir keine Lust hatten zur Schule zu gehen, fuhren wir in die nächste Großstadt bummeln, oder wir trampten mehrere Male über die Grenze in eine Stadt, die für uns Kiffer sehr attraktiv und angesagt war. Dort verbrachten wir einige Tage in der Punkszene.
Eine Klassenkameradin und ich hatten auf einer Klassenfahrt diese Clique kennengelernt und uns in zwei von ihnen verliebt. Also besuchten wir sie.
Wir trafen eine für uns bis dahin völlig unbekannte Welt. Diese Szene belagerte eine alte, stillgelegte Fabrikhalle. Ein riesiges Gebäude, indem das Fahrrad als eines der Fortbewegungsmittel diente.

In den Nischen oder auch Räumen, wenn es die überhaupt gab, ich habe nur bruchstückhafte Szenen in Erinnerung, hatten sich die einzelnen Familien oder Clans zusammengerottet. Erschreckend fand ich einen Säugling, ganz in Leder gekleidet, anstatt in Windeln und Strampler, mit einer Sicherheitsnadel durchs Ohrläppchen gestoßen.

Wir waren die einzigen „Hippies", die überhaupt dort geduldet wurden.

Daheim wohnte ich mit dem einen Mann zusammen und hier vergnügte ich mich mit einem anderen.

Unser schreckliches Erwachen sollte doch bald kommen. Eines Nachts, es war wohl so etwas wie Halloween, waren wir mit den Punkern unterwegs. Wir besuchten das Tweilight, eine Disko, wo es mir heute mulmig ankäme, dort auch nur vor der Tür zu sitzen.

Anschließend schlenderten wir völlig stoned – bei ihnen gab es Koksberge, wie ich sie nie wieder gesehen habe – durch die City. Anscheinend war am nächsten Morgen Müllabfuhr.

Jedenfalls schleppten die Jungs mengenweise Müllsäcke auf die Straßenbahnschienen. Uns wurde das zu mulmig. Wir setzten uns ab und trampten im Morgengrauen ans Meer. Dort schliefen wir ein paar Stunden in Strandkörben, die wir gegeneinanderstellten, sodass wir nicht gesehen werden konnten. Ich erinnere mich noch so genau daran, weil irgendwann eine maskierte Fratze zwischen den Schlitzen hervorlugte und uns das auf unsrem LSD-Trip nicht gerade in positive Schwingungen versetzte, denn wir bekamen einen gewaltigen Schreck, erkannten nicht, das es Maskerade war! Dann schlossen wir uns einer Gruppe ausgeflippter Hippies an. Waren auch nicht besser! Mittags entdeckten wir in einer Tageszeitung ein Foto von einer verunglückten Tram

mit einem Todesopfer, wegen einer dieser Müllblockaden.
Ja, das ist ein Beispiel von vielen, wie dieses unkonventionelle Leben sich auswirkte.
Noch lebte ich mit diesem von mir „geschädigten" Freund zusammen.
Bei einer begangenen Fahrerflucht, die dieser verursachte, saß ich so in der Zwickmühle, dass ich unter Meineid eine Falschaussage machte, ausgerechnet gegen meinen lieben, früheren Klassenkameraden.
Die Beziehung war frustrierend.
Eines abends in der Disko schickte ich meinen Freund alleine heim, bzw. sollte er noch eine Freundin mitnehmen, in der Hoffnung, dass sie ihn über den ersten Schmerz hinwegtröstet, denn ich eröffnete ihm, dass ich mit zu einem Anderen fahre und es zwischen uns aus sei.
Als ich Tage später meine Sachen abholen wollte, schmiss er mir alles im Flur entgegen auf die Straße. Da saß ich dann, heulend auf meinem Klammottenberg! Wie peinlich!
Dieser Freund hat trotz allem sehr an mir gehangen und von da an seine Arbeit geschmissen und ist nie mehr wirklich auf die Beine gekommen! Freunde gaben mir die Schuld, aber ich plädiere auf Teilschuld! Denn ich weiß, dass ich auch zeitweise sehr um diese Beziehung gekämpft habe. Ich sehnte mich im Grunde immer nach einem soliden Leben und hasste die Alkohol- und Drogenexzesse! Meine eigenen und die aus meinem ganzen Umfeld!
Aber ich glaube wir brauchen ein ganzes Leben und das reicht nicht aus, uns zu erkennen und mit uns selbst zurecht zu kommen. In uns steckt ein gewaltiger Abgrund, ein Schlund, der sich immer wieder auftut, auch wenn man denkt, man hat das Eine oder Andere längst in Griff.
Aber ich hatte noch gar nichts im Griff!

Ich hatte noch lange nicht gelernt, auf meinem eigenen, stürmischen Ozean zu schippern.

Ich zog in eine WG.

Im Treppenhaus stand groß: „Wen der Deiwel net gebruchen kann, den schickt er in de Mittelstross."
Ja, da war ich ja dann gut aufgehoben! Das Haus hatte eine faszinierende Bauweise mit einem geheimen Zimmer auf dem Dachboden.
Nach einem erbitterten Streit mit dem neuen Freund, war er wie vom Erdboden verschluckt. Weil er so merkwürdige Andeutungen gemacht hatte, bekamen wir es mit der Angst zu tun und suchten ihn. Ohne Erfolg! Er hatte das Zimmer entdeckt und uns ordentlich zappeln lassen. Mir hat er es später gezeigt.
Als die Polizei eine Razzia machte (...ich aß schnell einen ganzen Klumpen Haschisch auf...), entdeckten selbst diese das geheime Zimmer nicht.
Aber sie suchten keine Drogen, sie suchten Ben S., meinen späteren Mann.
Mir ging es sehr dreckig, nachdem ich dieses Zeug verschluckt hatte. Ich dachte, mein letztes Stündlein hat geschlagen. Es hatte eine verheerende Horrorwirkung! Die Wahnvorstellung, dass wenn ich jetzt einschlafe, ich nie mehr aufwachen werde, quälte mich. Also versuchte ich mich viele Stunden lang wachzuhalten. Ein ganz schrecklicher Kampf, der damit endete, das ich nicht mehr dagegen angehen konnte und mich zum Sterben hinlegte. In dem vollen Bewusstsein: „Morgen bist du tot!"
Ein Mensch, der diese Horrortrips nicht kennt, kann sich diese Folter nicht vorstellen.

Wir waren einmal auf einem Fest und ein Freund trommelte auf seinem Bongo. So nach und nach merkten wir, dass er völlig verzweifelt war. Zunehmend verstummten die Gespräche und wir bekamen aus ihm heraus, dass er glaubte, wenn er aufhören würde die Trommel zu bearbeiten, sein Herz aufhört zu schlagen. Die Panik in seinem Blick! Dann fing der Nächste an ihn anzuspornen, bloß weiterzumachen. Auch dieser glaubte nun, dass die Trommel unser aller Herzschlag sei. So zog das Schauspiel uns alle in den Bann und wir standen wie in einer Verschwörung um das Geschehen herum, angstvoll darauf wartend, wann er wohl schlappmachen würde. Irgendwann nahm sich einer ein Herz und entriss ihm die Trommel!
Was witzig klingt, doch Tragik ist. Das kann nur jemand nachempfinden, der so etwas selbst durchlebt hat.
Ja, lustig hören sich all die Geschichten an. Auf der Rückfahrt einer der Beschaffungstouren ins Nachbarland, wurde an der Grenze unser Auto stillgelegt. Die Radaufhängung war wohl gerissen, aber das Auto fuhr! Wir hatten zwar irgendwann einen Ruck wahrgenommen, aber danach lief die Kiste weiter fast wie geschmiert. Auch als der Beamte das Auto dann zur Seite fuhr, prallte er gegen die Bordsteinkante, weil die Bremsen nicht so waren, wie sie sollten, nämlich gelinde gesagt, fast keine Wirkung mehr zeigten.
Aber solche Fahrzeuge waren bei uns nicht außergewöhnlich. Meiner Freundin krachte bei ihrer Ente der Motor während der Fahrt auf die Straße. Und sie wunderte sich jeden Morgen, warum ihr Auto so stinkt, bis sie eines morgens beobachtete, wie sich ein Penner aus dem Wagen schälte, den er als Schlafplatz auserkoren hatte. Das nur zu unseren Vehikeln...
Jedenfalls konnten wir den Autoinhalt in unsere Schlafsä-

cke räumen, uns wie zwei Nikoläuse an die Straße stellen und nach Hause trampen. Zuvor wurden wir aber noch gründlich gefilzt, ausziehen bis auf die nackte Haut. Nicht selten wurde noch in gewisse Eingänge geschaut, das blieb mir dann Gott sei Dank erspart. Gefunden haben sie nichts, obwohl wir was dabei hatten!

Ich erinnere mich an eine weitere Begebenheit, unterwegs on the road. Hinter uns fuhr die Polizei, eine Tatsache, die uns an sich schon arg beunruhigte. Dann, plötzliches Aufheulen des Blaulichtes mit Überholmanöver. „Die meinen uns!" Blitzschnell verschluckten wir unseren Stoff, nur um zuzusehen, wie das Auto an uns vorbeischoss auf nimmer wiedersehen. War wohl zu einem Einsatz beordert worden und meinte uns nicht im geringsten. Aber wie dreckig es uns anschließend ging, brauch ich hier nicht nochmal besonders zu erwähnen.

Ich habe Freunde verrückt werden sehen, und etliche sind gestorben.

In einer meiner Wahnvorstellungen wuchs ich einmal auf einer Tanzfläche fest, nicht mehr in der Lage, mich zu rühren. Ich stand noch immer, als die Musik längst verklungen war. Es war wie bei Dornröschen, ich brauchte erst einen Schubs, um mich wieder rühren zu können. Ein Heizgebläse in einer Disko hat mir einen Feuerausbruch vorgegaukelt und man musste mich hinaus tragen. Erst an der frischen Luft konnte ich aufatmen und an Rettung glauben.

Teilweise hatte ich Zustände der Paranoia, so wie wir es nannten, dass, wenn jemand bei uns schellte, ich mich unter den Tisch verkroch.

Wir wurden mit „Psilos" von der Insel versorgt, Pilze mit halluzinogener Wirkung. Wenn dort solche Pilze wachsen,

dann müssen sie auch hier zu finden sein! So probierten wir alle kleinen Pilzsorten durch, die den getrockneten ähnlich sahen. Welch Mut! Und tatsächlich, wir fanden sie und versorgten damit uns und unsere Freunde.
Ich meinte doch tatsächlich im letzten Sommer, gerade solch einen Pilz auf meiner eigenen Wiese zu sichten und ertappte mich dabei, wie ich immer wieder um diesen herumschlich mit dem Gedanken, diesen doch einfach mal aufzuessen. Nur einen, aber ich traute mich nicht. Wahrscheinlich hätte dieser einzelne gereicht, um mich zu beturnen. Beim Rasenmähen fuhr ich säuberlich drum herum, sozusagen zum offenhalten einer Bedenkzeit, wie mit diesem Ding zu verfahren sei.
Ich vertilgte ihn natürlich nicht!
Eines Abends fuhr ich mit einer Clique zu unseren Szenekneipe, gut versorgt mit diesen Dingern. Als es dann auf Torschluss zuging, fand ich keinen meiner Begleiter wieder. „Ja weißt Du denn nicht? Die sind alle abtransportiert worden in die Ausnüchterungszelle." Ich traute meinen Ohren nicht. Da hatte sich vor dem Lokal ein regelrechtes Spektakel abgespielt. Zuviel davon gefuttert, hatten sie sich am Boden rumgewälzt, teils lachend, schreiend oder auf Horrortrip wiederfindend, jedenfalls so, dass der Wirt aus Angst und Sorge die Polizei alarmierte.
Aber Haschisch und halogene Drogen sind ja nicht gefährlich oder machen abhängig...
Nein, sie zerstören lediglich die Psyche und rauben so nach und nach das Selbstbewusstsein! Isolieren! Binden an Milieu... Leider ist das heute im Bewusstsein der Jugendlichen alles verharmlost... so wie bei uns ja auch! Wenn ich mir heute so meine damaligen Freunde anschaue, dann weiß ich, woraus ich gerissen wurde!

Einige wenige haben sich gefangen, viele haben gelernt, irgendwie mit den Drogen umzugehen. Manche sind alt, verbraucht, unattraktiv.
Selbst Ben, bei dem ich am meisten staunen muss, dass es ihn noch gibt, hat bis hierher überlebt, als ewiger Sozialfall, mit regelmäßigen Aufpäppelungsaufenthalten in irgendwelchen Gefängnissen oder Therapien und auf Methadon eingestellt. Doch mittlerweile hat er Kehlkopfkrebs!

Aus der WG zog ich nach einiger Zeit wieder aus. Die Beziehung ging zu Ende.

So bezog ich für einige Zeit wieder mein Zimmer im Hotel Mama.
Ganz einfach so. Damals ging ich weg zu einem Typ, von heut auf morgen, für meine Eltern völlig überraschend und ohne Vorahnung, ließ verzweifelte und unglückliche Eltern zurück. Jetzt kam ich wieder, ohne sie zu fragen, mit einem absoluten Selbstverständnis und machte, was ich wollte.
Manchmal verschwand ich tagelang, ohne irgend eine Erklärung abzugeben. Mama sagte später einmal, dass sie oft um mich gebangt hat und diese schreckliche Vorstellung in sich trug, dass ich mal keines natürlichen Todes sterben werde. Meinen Unfall jedenfalls hatte sie in jener Nacht gespürt, gewusst, es ist was geschehen!
Ob sie froh waren, das ich überhaupt da war?
Ich war einfach unbändbar!
Ich trieb mich in vielen WG's rum, in den abgelegensten, für uns herrlichsten und einsamsten Winkeln unsrer schönen Gegend. Wir „Hippies" hatten irgendwie immer die idyllischsten Winkel entdeckt und besetzt, alte Grubenhäuser, eine riesige alte Villa oder klitzekleine

Häuslein, versteckt mitten im Wald. Natürlich alle mehr oder weniger heruntergekommen. Dort lebten wir teilweise in Rudeln, besuchten uns gegenseitig hin und her.
Was ich jetzt schreibe, erzähle ich durch die rosarote Brille aus der Sicht der abgelaufenen Verjährungsfrist. Denn man verliert die Negativerinnerungen aus dem Bewusstsein.
Wir feierten die herrlichsten Feste. Auch in dieser Villa. Sie hatte 49 Zimmer. Warum ich das noch so genau weiß? Es hat mich fasziniert, in den Bann gezogen. Sie hatte außerdem eine riesige Halle, der Festsaal der Reichen.
Wir nannten sie Wallhalla und es wurde auch unser Festsaal, aber ganz anders.
Eines Abends fuhren wir vor dieser hell erleuchteten Kulisse die lange Allee hinauf, in einem alten englischen Taxi, das einem Freund gehörte.
Und wie wir uns erst fühlten! Dass das ganze Anwesen vergammelt war juckte uns nicht, das merkten wir nicht. In dieser Nacht kamen wir, d.h. ein paar Freunde, auf die Idee, die Fassaden zu besteigen. Das ging gut, denn unter den Fenstern liefen Simse entlang, auf denen man balancieren konnte. War klasse, machte riesigen Spaß… nur, wir waren schließlich zugekifft oder betrunken. Also auch ein recht halsbrecherisches Unternehmen.

Wenn ich Zuhause war, blieb ich an Wochenenden bis nachmittags im Bett. Oft hörte ich Mama, wie sie sich abmühte das Treppenhaus zu putzen. Mich störte ihr Geschnaufe, und überhaupt, diese Belästigung und Ruhestörung nach durchzechter Nacht. Wut und schlechtes Gewissen machten mich furchtbar aggressiv. Eine gesunde Mischung! Ich wüsste nicht, dass ich Zuhause überhaupt einen Finger gekrümmt habe. Heute tut mir das alles

furchtbar leid, heute…
Für mich begann die Zeit „der großen Freiheiten", ohne feste Beziehung trieb ich mich überall herum. Im Grunde war mein Leben eine einzige Suche nach dem Glück.
Glück, so glaubte ich, findet man bei dem richtigen Mann. Wie verirrt war mein Denken und wo suchte ich danach?!

Kapitel 4
Auf dem Spielfeld der Extreme (Ben S.)

So kam es dann wie es kommen musste. Ich begegnete Ben S., der Legende! Legende deshalb, weil er damals schon berühmt berüchtigt war. Ebenso wie seine gesamte Familie. Natürlich gebietsbedingt!
Sie kamen aus dem Ort, an dem ich als Erzieherin tätig war. In dem dortigen Kindergarten machte ich mein Anerkennungsjahr. Dort ging es mir gut. Sie waren lieb zu mir, ich wurde akzeptiert und das war tatsächlich was besonderes für mich, nachdem ich den ersten KG-Platz verlassen musste, wegen „wilder Ehe". Das wurde aber erst zum öffentlichen Anstoß, nachdem man mich loswerden wollte.
Ich war halt mit diesem rebellischen Wesen „gesegnet". Doch das war mir nicht bewusst, denn ich sah die Schuld immer bei den Anderen. Dass ich jemals meine Ausbildung schaffte, hatte ich zum Teil meinen Klassenkameraden zu verdanken. Sie ertrugen mich, wenn auch oft laut stöhnend. Ich weiß, dass ich dann immer dachte, „...was ham die denn?..." Sie legten tatsächlich für mich meine komplette Jahres-Falt-Mappe an, weil sie merkten, dass ich sonst mit leeren Händen vortreten würde. Den Jahresbericht gab ich nach vielen extra für mich verlängerten Fristen nie ab. Aber meine Fantasie verhalf mir dazu, gute Noten zu haben, denn ich simulierte Situationen in Methodik und Psychologie ohne den Lehrstoff zu kennen. Wenn ich nichts hatte, aber Ideen und Phantasie ... naja, manchmal hab ich auch ein

bisschen gelernt.
Hier in diesem neuen Kindergarten war's schön! Und hier versaute ich mir meinen Arbeitsplatz selbst. Ich arbeitete immerhin für eine katholische Trägerschaft in stockkonservativer Gegend.

Eines Nachts stand mein Auto vor dem berüchtigsten Haus im Dorf, dem Haus, über das man nur mit vorgehaltener Hand tuschelte und munkelte. Bens Mutter und zwei seiner Schwestern lebten dort als Prostituierte und empfingen auch dort ihre Freier.
In dieser Nacht wurde ich das erste Mal damit konfrontiert, mit anzusehen, wie sich eine Überdosis auswirkt. Ben lag zusammengebrochen, noch mit der Fixe im Arm, im Bad. Zum Glück war er in der Lage, uns, d.h. seiner Schwester und mir noch Anweisungen zu geben, was wir mit ihm anzustellen hätten. Bewegung, den Kreislauf irgendwie in Schwung bringen. So schleiften wir ihn unter die Arme geklemmt hin und her und hin und her, bis wieder Leben in den Körper strömte. Dann flößten wir ihm jede Menge Kaffee ein.

Eines morgens, wir kamen aus der Disko, als die ersten Kirchgänger vor der Kirche versammelt waren, da kurbelt Ben das Beifahrerfenster runter und schreit: Ihr seid alles Arschlöcher!
Tja, was gibt's da noch zu sagen…
Diese Stelle war passé. Und ich arbeitslos.

Er hatte die letzten drei Jahre hinter Gittern verbracht, befand sich gerade auf Urlaub, als ich ihn kennenlernte und musste nochmals für ein halbes Jahr zurück. Beschaffungskriminalität, Stricher, Überfälle und alles nicht von der harmlosesten Sorte. Sein Vorstrafenregister raubte mir bei einer seiner vielen späteren Verhandlungen fast den Atem, doch da lebte ich bereits mit ihm zusammen.

In einer Disko, die bevorzugt von Drogenkonsumenten besucht wurde und eben diesen Ruf auch trug, trafen wir uns zum ersten Mal. Eine Abstiege, wo man auf den Toiletten die blutbespritzten Wände als Stempel der Machenschaften begutachten konnte. Viele Jahre lang war ich später nicht in der Lage die Musik anzuhören, die ich dort so liebte. Heute endlich sind alle in diesen Jahren aufgebauten Ängste und Aversionen weg. Obwohl ich immer noch keine Filme wie „Christiane F." anschauen kann.

Bens schwarze krollige Haare, sein schwarzer Anzug, zumindest bei dieser ersten Begegnung, und die blausten, stechendsten Augen, die ich je gesehen habe, bilde ich mir jedenfalls ein, waren der Grund, dass ich mich in ihn verliebte.
Wenn ich ihn beschreiben sollte, dann würde ich sagen, wenn er gut drauf war, glich er dem Pirat aus dem Film „Fluch der Karibik", den Johnny Depp dort spielt. Das Grinsen, die Kopfform, der Bart, die Haare, Bewegungen, sein Charme, alles rief mir nochmal ganz neu diesen Mann ins Bewusstsein, genau diese Dinge, die ich an ihm damals liebte, … wenn er gut drauf war, wenn … Leider wechselte das unter Umständen innerhalb weniger Stunden. Dann tauschte er vollkommen die Persönlichkeit aus. Vor diesem hatte ich Angst, gewaltige Angst, je länger ich ihn kannte. Er wechselte nicht nur seine Art, auch sein gesamtes Outfit glich sich an. Dann kämmte er sich seine Haare zurück

und ein tätowiertes Kreuz auf seiner Stirn wurde sichtbar. Je nachdem, wie er sich zurechtmachte, wusste ich, welche Stunde es geschlagen hatte. Und das war, wenn ihn seine Sucht trieb, erschreckend.

Ich hatte ihn einer Frau ausgespannt. Ich wollte ihn!
Die Frau war schwanger von ihm. Ich überredete sie, das Kind abzutreiben, fuhr über die Grenze, wir hatten dort so unsere Adressen, beschaffte das Geld zu dem „Eingriff" und sorgte dafür, dass kein Kind von einer Anderen zwischen uns steht. Damals war Abtreibung noch nicht legal. Mein Gewissen versuchte ich damit zu beruhigen, dass das Kind einer Heroinsüchtigen ein armes Ding sein würde.
Ach, dieses Handeln verfolgte mich jahrelang bis in meine Träume!

Anfangs lief es ganz gut mit uns beiden. Es war wie eine Herausforderung.
Ich schrieb ihm in den Knast und er antwortete. Und was für Briefe! Einmal überschrieb er sein Leben mit den Worten: „Es war wunderbar und es war Mist"…
Er hatte die Schule nur bis zur 5. Klasse besucht. Mehrmals versuchte die Polizei noch, ihn persönlich zur Schule zu begleiten, aber selbst sie gaben es auf.
Später, als wir einmal gegen einen Haftbefehl kämpften, indem ihm ein guter Wandel Therapie ermöglicht hätte, holte er mal eben den Hauptschulabschluss nach, fuhr ein paar Wochen in die Volkshochschule und machte seine Prüfung … er war weiß Gott nicht dumm!
Unsere erste Zeit nach seiner Freilassung war recht ausgelassen. Wir verstanden uns gut. Doch in ihm lebte eine große Unruhe, so ein Pulverfass, immer kurz vor der Explosion.

Ein Trieb. Der Trieb nach Heroin.
Er wollte mich.
Er wollte sogar ein solides Leben mit mir aufbauen.
Und ich, ich glaubte, Menschen kann man ändern.
Wenn man ihnen Zeit und Beistand gibt, dann verändern sie sich immer mehr in die rechte Richtung.
Nur, in der Realität gings bergab.
Es war sehr anstrengend mit ihm. Diesen unbändigen Drang durch ständige Aktionen und Ablenkungsmanöver zu unterdrücken, Action zu bieten, um ihn zu befriedigen, und doch ständig hintergangen und betrogen zu werden, ging über menschliche Kräfte hinaus.
Dann die Flucht vor dem neuen Haftbefehl. Wir lebten teilweise nur auf der Straße, d.h. wir waren mit meinem kleinen roten Fiat unterwegs, ohne Wohnsitz, krochen in der Hausbesetzerszene in B. unter oder in den Bergen bei einigen ehemaligen Knastkumpanen.
Ja, das wilde und freie Leben hat seinen Reiz, ... für eine ganz kurze Zeit. Und Drogen gab's natürlich überall. Gerade dort! Ich wollte es ja auch, aber nur noch die weichen Drogen. Ich glaubte, man kann das trennen. Ja manche können ... aber kein Ben, und ich wurde auch immer gefährdeter.
Bens Lügengeschichten waren so voller Überzeugungskraft, dass ich ihm mehr glaubte, als meiner eigenen Wahrnehmung. Ich sah seine stecknadelgroßen Pupillen und glaubte trotzdem seiner Verneinung, sah ihn sich auf der Männertoilette bei einem Rock-Festival anbieten, homosexuelle Dienste, und nahm es doch nicht wahr!
Er besorgte sich seinen Stoff und ich blieb blind.
Mit Haschisch dealten wir schon länger. Das duldete ich, fand ich sogar spannend, aufregend.
Wir wollten der Flucht ein Ende setzen und kämpften

mit einem in Drogen-Kreisen begehrten Szene-Anwalt in Sachen BTM um Haftaufschub und Therapie.
Mieteten ein süßes, kleines Häuschen in einsamer Gegend, ländlich wunderschön gelegen.
Nicht selten mussten wir morgens die Garage freischaufeln, weil Schneewehen diese komplett zugefegt hatten. Aber es war schön nach dem Frühstück zum Skihang nebenan zu schlendern oder durch die Wälder zu streifen. Am liebsten nachts und das mit unseren Freunden. Faszinierend, wenn wir Tripps geschmissen hatten. Das muss ich leider zugeben.

Ich begann zu jobben, als Taxifahrerin und Ben bezog gutes Arbeitslosengeld, weil die ganzen Gefängnisaufenthalte angerechnet wurden.
Wir lebten gut. Wir dealten gut. Unser Häuslein war dafür ideal gelegen, immer was los, nie langweilig und dem Anwalt gaukelten wir Friede, Freude, Eierkuchen vor. Wahrscheinlich wusste er trotzdem Bescheid.
Aber die Heroinsucht starb nicht, klar, sie blühte auf! Solange ich noch dagegen kämpfte, ging es bei uns oft sehr heiß her.
Nicht selten nahmen unsere Handgreiflichkeiten ein blutiges Ende. Einmal biss ich so fest zu, dass Ben eine tiefe Wunde in seinem Oberarm davontrug, oder drückte ihm eine Zigarette auf seinem Rücken aus, nur, um weh zu tun, zu verletzen, zu rächen. All die Enttäuschung, Verzweiflung, alles spiegelte unsere Szenen wieder. Ben schlug auch zu, aber ich stellte immer wieder fest, dass er versuchte, seine Unbändigkeit an Gegenständen auszulassen, oft gerade an denen, die ihm besonders lieb waren, wie seine Stereo-Anlage. Wie oft sah der Raum anschließend aus wie nach einer Expolsion.

Einmal sprang ich ins Auto, um die Flucht zu ergreifen, da flog unser Porzellan Stück für Stück aus dem Fenster, um auf dem Autodach zu zerschellen. Diese Szene beobachtete fasziniert schockiert unser Nachbar, wobei sein Kopf sich den Bewegungen des Porzellans anpasste. Ich dachte damals: „Der Streifen ist filmreif!"
Nicht selten konnte man beobachten, wie wir eine Stunde später händchenhaltend das Haus verließen um spazieren zu gehen.
Krank, oder?
Dieser Nachbar sagte einmal, er habe immer geglaubt, dass wir ganz glücklich miteinander seien … ja, so sah's aus!
Da mittlerweile die Dealerei in größerem Rahmen stattfand, verschuldeten wir uns sehr, weil immer Bargeld und Stoff in Menge vorhanden war, Geld, das uns nicht gehörte und Stoff, der uns nicht gehörte!
Bens Heroinsucht nahm ebenfalls rapide zu.
Ich lebte in einem ständigen Wechsel von schönen Stunden und grausamen Momenten. Mit der steigenden Tendenz zum Negativen hin.
Heute weiß ich auch, dass wir beschattet wurden, sah sogar den PKW mit dem zeitungslesenden Mann ab und zu in der Nähe parken. Aber wir hatten alle den gleichen Fehler, wir unterschätzten die Polizeiarbeit, hielten die Bullen für doof. Dabei wurden sogar Nachbarn involviert, die Autonummern und Uhrzeiten notierten.
Gerade als ich soweit entschlossen war, alles zu beenden, wurde Ben verhaftet!
Das ganze Dorf war abgeriegelt. Und Ben flehte mich an, ihn nicht zu verlassen, ihm treu zu bleiben und auf ihn zu warten. Ihm sein einziges Zuhause zu erhalten, das er je hatte…

Diese erbärmliche Situation veranlasste mich, ihm die Zusage zu geben.
So blieb ich in unserem Häuschen alleine zurück.

Das erste Problem, das auf mich zukam, war, mich mit den Dealern herum zu ärgern. Sie wollten ihr Geld. Und sie ließen nicht mit sich spaßen.
Ich hatte von einem Bekannten erfahren, dass diese durch seine Scheibe schossen, um ihn einzuschüchtern, knapp an seinem Kopf vorbei. Wobei ich letzteres für Übertreibung halte. Ben wollte nicht, dass ich Gitarre und Verstärker rausrücke. Ich tat‘s nicht. Welch falsche Rücksichtnahme. Stattdessen dealte ich weiter. Nicht mit Kilos wie zuvor. Im kleineren Rahmen, aber das sag ich nicht zur Rechtfertigung, oder doch? Haschisch, das fand ich okay!
Das brachte ein bisschen was ein und deckte meinen Eigenkonsum. Bei der Dealerei entwickelte ich mich so link, dass ich das Zeug so lange vom Markt zurückhielt, bis eine allgemeine Flaute eintrat und ich es dann zu Wucherpreisen loswurde.

Es folgte die Zeit der „ zweiten großen Freiheit“.
Ben spielte ich bei den Besuchen in der JVA die Wartende, Liebende vor. Irgendwie war er dummerweise immer noch der, dem meine Gefühle und wahrscheinlich noch viel mehr, gehörten. Bann? Abhängigkeit?
Wer kann‘s ergründen. Bindungen!
Aber ich war allein. Und Männer kamen! Und erreichten ihr Ziel!
Also baute ich Parallellbeziehungen auf. Das ging so weit, dass einmal ein Mann und eine Frau gleichzeitig versuchten, mich sexuell anzumachen. In meinem und Bens Bett.

Ich floh, und höre heute noch die Worte der Frau: „Sie ist noch nicht so weit!" Nein, zum Glück! Nicht auch noch das! Ben wurde in eine JVA verfrachtet, die 350 km von mir entfernt war.

Ich hatte ein altes klappriges Auto, bei dem der Anlasser kaputt war. Erst mal. Beim Tanken musste ich den Motor laufenlassen und sonst immer sehn, dass ich einen Berg zum Anrollen fand.

Einmal wollte ich Ben was Gutes tun und quetschte ein kleines Piece Haschisch in eine Zahnlücke, so ein kleiner Turn zum abtauchen, dachte ich. An diesem Tag wurde ich derart durchgeflizt, dass mir Angst und Bange wurde. Beim Abschiedskuss schob ich es ihm in dem Mund. Ben verschluckte sich vor lauter Schreck und es ging ihm anschließend sehr schlecht! Er war entgiftet und musste regelmäßig zu Urinkontrollen. Er war echt sauer auf mich! Mittlerweile war der Rest des Autos auch noch kaputt!

Der nächste Besuch stand an, es war sein Geburtstag und es war ja selbstverständlich, dass eine „ordentliche Freundin" ihren Freund im Knast besucht, so dachte dummerweise ich und so dachte dreisterweise Ben!

Also wie hinkommen, ohne Auto, ohne Geld?

Ich trampte die Stecke.

Weil ich Angst hatte, lieh ich mir eine Gaspistole. So manche Szenen haften unauslöschlich in der Erinnerung.

So ging ich in die Kneipe nebenan. Ich wusste, der Wirt hat eine. Er hinter dem Tresen, ich davor. Er holt das Ding unter der Theke hervor und füllt es mit Munition, indem er den Kolben Stück für Stück weiterdreht und reicht mir schließlich die Waffe rüber. Wie im wilden Westen, dachte ich. Dann machte ich mich auf den Weg.

Es ging alles gut und ich kam schnell voran.

Im Gefängnis angekommen, wollte ich die Pistole sofort in Verwahr geben, damit man mir keine versuchte Fluchthilfe anhängt. Der Schreck von der letzten Filz-Aktion steckte mir ja noch in den Knochen. Aber mir hörte keiner zu. Man schob mich einfach weiter.
Oh Schreck, wenn die das Ding bei dir finden! Ich wollte reden, wehrte mich, bis ich schließlich in meine Tasche griff und die Pistole zu Tage beförderte. Da kam Leben in die Beamten. Im Nu war ich von erhobenen Waffen umzingelt. Ein Beamter hinter einer Scheibe verlor vor Schreck seinen Kuli aus dem Mund. Aber jetzt hörte man mir zu! Und, oh Wunder, man glaubte mir und gab mir sogar anschließend Waffe und Munition zurück. Nach dem Besuch natürlich.

Die Zeit, in der ich weiter alleine in unserem Drei-Zimmer-Häuschen lebte, war eine zerrissene Zeit. Ich trank wieder mehr Alkohol, sang in einer örtlichen Rockband, hatte Kontakt zu einem international bekannten Rocksänger. Allerdings muss ich zu seinem Schutz die bestimmt vielen geläufige Rockgruppe unerwähnt lassen. Er besuchte mich sogar, schenkte mir ein Auto, damit ich nicht mehr in den Knast trampen musste. Wir schrieben uns hin und her und waren so was wie Tagebücher füreinander. Doch auch dieser Kontakt lenkte in andere Bahnen, ein verheirateter Mann und ich.
Durch bestimmte Ereignisse, die mein Leben von Grund auf verändern sollten, brach ich später die Verbindung ab.

Die Besuche im Gefängnis nahmen eine völlig andere Wendung. Ben schien auf einem religiösen Trip zu sein. Er war Feuer und Flamme für Gott und Jesus… beeindruckt von der Offenbarung und völlig der Meinung, das komme alles

auf uns zu. Bewegt, ergriffen, so voller Feuer.
Und mir ging das ziemlich auf den Keks und gegen den Strich. Ich wollte doch ganz andere Worte von ihm hören, persönliche, wollte, dass ich wahrgenommen wurde und nicht, dass dieser Gott, von dem er so überzeugt schien, sich zwischen uns stellte.
Aber irgendwie war der stärker.
Und Ben schien Hoffnung zu schöpfen, Hoffnung für uns, unsre Zukunft.
Eine Chance. Naja, wenn ihn so was ändern würde, das käme mir nur zugute.
Ich lebte mein Doppelleben weiter und wartete auf den ersten Knasturlaub. Mal sehn, was der bringen würde.
Und was er brachte! Ben ließ sich holen, für zwei Nächte, die weite Strecke, um sich dann die geschlagenen Tage und Nächte herumzutreiben und das auch noch ohne mich.
Das war‘s! Das gab bei mir den Ausschlag, ihm zum Abschied die andere Hälfte seiner Dorothy brühwarm unter die Nase zu reiben.
Er war entsetzt. Das tat mir gut.
Ich fuhr ihn zum Zug!! Mit der Mitteilung, dass ich ab sofort von unsrer Beziehung zurücktrete.
Und was für reuevolle Briefe mich erreichten!
Und dass er mit Gottes Hilfe alles schaffen werde, nur ich soll warten und schauen…
Interessanterweise begann auch ich heimlich in der Bibel zu lesen. Es bewegte mich nämlich, ich war seltsam berührt. Aber mein Leben nahm seinen normalen Gang.
Eines Abends hatte ich ein Date in einer WG mit einem Junkie!! Man beachte!!
Und wie ich da so hereinspaziere, höre ich einen anderen Mitbewohner doch tatsächlich die für mich folgeträchtigs-

ten Worte meines Lebens sagen (es fällt mir schwer, das so hier niederzuschreiben), er sagte: „Hier stinkt`s nach Nuttendiesel!“
Ich ging trotzdem zu dem Mann. Schlief mit ihm. Doch ich begann laut aufzuschreien, zog mich an und verließ fluchtartig das Haus.
Sprang in mein Auto, um wenig später festzustellen, dass ich mich auf einer abschüssigen völlig vereisten Straße befand und geradewegs auf ein Haus zuraste. Ich kannte die Strecke, wusste, dass man bei trockener Fahrbahn auf mindestens 50 km/h abbremsen musste, um die Kurven zu bewältigen, die dann folgten, spalierstehende Häuserfronten beiderseits.
Wie ein Lebensfilm in Sekunden an einem vorbei rasen kann, mit einer einzigen Anklage: Schuldig!
Ich hatte gelesen, „Der Lohn der Sünde ist der Tod!“
Und in meinem Kopf und Herz entstand tatsächlich das Einverständnis zu diesem Urteil! Verdient!
Und was tat ich? Ich ließ das Lenkrad los um mich meinem Schicksal zu überlassen, dem Bewusstsein des Endes. Verdient!
Und dann erlebte ich mein erstes, bewusstes Wunder!
Das Auto wurde wie von unsichtbarer Hand geleitet, gelenkt durch die scharfen Kurven, um am Ende ganz sanft, seitlich gegen eine Hecke zu kippen und sich wieder zurück auf die Räder zu stellen.
Nichts war geschehen, außer ein paar Schrammen im Lack.

Ich sollte Leben!
Gewollt Leben!
Gegebenes Leben!
Von oben!

Das war gewaltig!
Ich fuhr heim und betete!
Worte aus meinem tiefsten Herzen stiegen auf.
Ein verschlossener Vulkan brach auf und beförderte mein ganzes Elend nach oben.
Sprach mit einem Wesen, das ich noch nicht kannte, wohl aber im Begriff war kennenzulernen!

Ich schlug meine Bibel auf. Ich las.
Da stand eine Frau, an einem Brunnen.
Ein Mann, den sie nicht kannte, versprach ihr „lebendiges Wasser“, etwas Besonderes, Kraftvolles. Das spürte sie. Sie wollte davon.
Und der Mann sagt doch tatsächlich: „Geh zuerst hin und hole deinen Mann.“ Ein Test, ich weiß nicht? Jedenfalls versucht sie, sich rauszureden und sagt: „Ich habe keinen Mann“. „Nein, das stimmt, denn fünf Männer hast du gehabt und der, den du jetzt hast, ist nicht dein Mann.“
Sie ist baff. Geht ins Dorf und erzählt von dem Mann, der alles über sie weiß.
Der alles über sie weiß!
Diese Frau war wie ich!
In mir war etwas geschehen.
Von da an war ich nicht mehr allein!
Und ich war glücklich!
Und ich war verändert!
Innen drin!
Ich begann Dinge zu verabscheuen, die ich vorher liebte.
Das lose Leben.
Freunde holten mich ab . Ich wollte nicht mit.
In mir wehrte sich alles dagegen.
Freunde kamen und rauchten mit mir Pott. Ich konnte das

Feeling plötzlich nicht mehr ab.
Mein normaler Zustand gefiel mir viel besser.
Ich setzte mich in die heiße Badewanne, um den Turn loszuwerden.
Freunde kamen zum anbaggern, ich schickte sie weg!
Und sagte ihnen sogar warum.
Sie hielten mich für bekloppt. Ja klar, hätte ich auch!
Zu meiner Beschämung muss ich allerdings sagen, dass dieser Zustand bei weitem nicht blieb.
Und doch blieb und ist immer noch bis heute diese Kraft da, die mich trägt, auch wenn ich purzele, sie hilft mir auf!
Aber das später!

Ben wurde entlassen.
Und ich, ich heiratete ihn, dachte, mit Gottes Hilfe wird‘s gehen.
Vor Gott legalisieren, keine wilde Ehe mehr!
Ja, ich weiß, völlig naiv, blind, ideologisiert…
Doch ich hatte aus Vertrauen und Glauben gehandelt.
Gott wird retten? Oder?
Er rettete nicht. Er ließ zerbrechen, scheitern!
„Herr, ich habe Dir doch vertraut?“
Ja, aber in meinem Herzen wäre keine Bereitschaft zur Konsequenz gewesen. Meine Augen wollten die Wahrheit über Ben nicht sehen!
Trennung auf Zeit, beobachten, wie ernst Ben alles wirklich ist, das wäre das Richtige gewesen. Gott weiß, dass wir oft das Bessere nicht finden. Nicht wollen. Nicht tun!
So ging Gott mit mir diesen Weg weiter.
Es war mein Weg!
Denn gerade auf den schweren Wegen öffnete sich die unsichtbare Kraft für mich!

Wie von der Dunkelheit zum Licht.
Obwohl die dunkelsten Stunden noch kommen sollten, waren sie immer irgendwie beschienen, oder wie soll ich sagen…

Der Hochzeitstermin stand fest.
Eine zunehmende Panik erfasste mich.
Am Abend vorher zerriss ich meine Geburtsurkunde und schmiss sie in den Ofen. Diese zu beschaffen, war durch meine Adoption gar nicht so leicht gewesen. Und nun lag sie im Ofen. Er war aus, aber sie war in viele kleine Stücke zerrissen.
Ben puzzelte sie wieder mühevoll zusammen. Mit diesem Ding marschierten wir dann zum Standesamt.

Der erste Schlag als Ehefrau traf mich dann genau zwei Wochen später.
Ich entdeckte Blutspuren in einem weißen Hemd in der Ellenbeuge.
Ben ging zielstrebig in sein altes Leben zurück.
Es wurde schlimmer denn je zuvor.
Ein paar Wochen später eröffnete mir Ben, dass er mit seiner Exfreundin geschlafen hat. Und mittlerweile entstand zwischen Beiden wieder ein Verhältnis.
Ja, was sollte ich sagen, Rache an mir? Nur zu verständlich!
Zudem hatte sie etwas, was ich nicht zu bieten hatte: Stoff!
Und Ben erzählte, wie toll das miteinander Schlafen ist, wenn beide auf H sind, stundenlanges Höchstgefühl.
Damit konnte ich nicht dienen.

Ich war schwanger!
Anfangs ein furchtbarer Schock. Ausgerechnet jetzt!

Aber so nach und nach begann Hoffnung auf eine Zukunft für mich und das Kind aufzukeimen. Ich liebte das, was da in mir heranwuchs.
Und je mehr, desto größer wurde Bens Eifersucht.
Auch, weil er merkte, dass zwischen uns eine Tiefe Kluft zunahm, im gleichen Maße, wie ich mich auf das Neue vorbereitete.
Verächtlich ließ mich Ben wissen, dass er mich so, wie ich nun aussähe, nicht mehr anrühren würde.
Ich hatte zwar zugenommen, aber da ich immer nur 45 Kilo wog, war das mehr wie wichtig für meinen Körper.
Ansonsten schob ich nur einen kugligen Fußball vor mir her und viele fanden mich gerade in dem Zustand besonders reizvoll... mein Mann fand: iiihh. Das war so deprimierend. Diese völlige Ablehnung!

Der Entschluss, Ben zu verlassen, nahm konkrete Gestalt an. Außerdem hatte ich inzwischen Angst vor ihm und Angst um das Kind.
Seine Gewaltattacken gingen mittlerweile gezielt gegen mich und sogar gegen das Ungeborene in mir, denn er trat mir in den Bauch!
Schlimm war es, wenn er nachts heimkam und ich ihm nicht zu Willen war. Er wollte ungeteilte Aufmerksamkeit erzwingen.

Er brach den Pfosten unseres Himmelbettes durch und die schweren Balken landeten auf mir.
Ich hatte mir einen dünnen Brieföffner von einem Bekannten scharf wie ein Skalpell schleifen lassen. Dieser lag mittlerweile unter meinem Kopfkissen und wie oft stellte ich mir vor, dieses feingliedrige, scharfe Ding in Bens Herz ein-

dringen zu lassen, es würde so leicht gehen wie in Butter. Wenn ich mir überlege, es wäre tatsächlich so weit gekommen!
Fast ein Wunder, dass nicht!
Eines Nachts zerrte Ben mich aus dem Bett, stellte mich an die Wand und erhob beide Fäuste, um sie auf mich niederprasseln zu lassen, da verzerrte er plötzlich das Gesicht, schaute auf seine geballten Hände und konnte sich nicht mehr bewegen. Sie wurden festgehalten!
Wir sahen es beide!
Wir sahen das nicht Sichtbare.
Und wussten es doch!

Panik, Erschrecken und ungläubiges Staunen spiegelte sich in seinem Blick und er rannte davon, um erst Tage später wieder aufzukreuzen.
Ich hatte alle Außentüren und Zugänge zur Wohnung verbarrikadiert. Ich hatte furchtbare Angst.
So brach er dann in seine eigene Wohnung ein, indem er die ganze Kellerwand einriss, eine Holzwand, wohlgemerkt, aber trotzdem!

An meinem Geburtstag kam er früh morgens nach Hause. Er war mal wieder mehrere Tage verschwunden gewesen, brachte frische Brötchen und rote Rosen mit, um mit mir ein romantisches Geburtstagsfrühstück zu haben. Ich schmiss die Blumen an die Wand und weigerte mich aus dem Bett aufzustehen.
Ja, irgendwann war dann der Punkt erreicht, an dem ich die Kraft hatte, zu verschwinden. Es musste heimlich geschehen, denn er hätte mich nie gehen lassen.
Ich sprach alles mit Freunden ab und auf ein vereinbartes

Signal kamen diese mit einem Bulli, um das, was ich mitnehmen wollte, einzuladen und diesen ganzen Albtraum zu beenden!
Das, was ich seinem und meinem Sohn später über seinen Vater erzählte, war der Versuch einer Gratwanderung, warum kein Kontakt besteht, ohne das Vaterbild zu zerstören. Ähnlich wie Papa es machte, wenn er uns damals aus dem Krieg erzählte. Er schilderte lustige Anekdoten. Wir vergaßen dabei fast, dass der Krieg grausam war.

Kapitel 5

Echte Freiheit, „Ich will Dich leiten..."

Innerlich frei und äußerlich frei.
Ich war mittlerweile hochschwanger.
Hatte kein Dach über dem Kopf, kein Geld, und wusste noch nicht einmal, wo ich würde unterschlüpfen können.

Aber in mir herrschte eine große Ruhe.
Für eine Nacht kroch ich bei einer Freundin und ihrem Mann unter und verbrachte diese auf deren Sofa.
Und gerade an diese Nacht erinnere ich mich besonders. Zuvor hatte eine mir unbekannte Dame, eine reiche Firmenbesitzerin, von meiner Not erfahren und einen Umschlag dort deponiert mit einer recht großen Summe Geld. Für mich! Ich war sprachlos.
Davon konnte ich mich eine Zeit lang über Wasser halten. Dort jedenfalls, auf dem Sofa, hab ich wohl den schönsten Gesang meines Lebens vernommen, so, als sängen Engel aus dem Himmel.
Ein unglaublicher Friede erfüllte mich. Und ich träumte von einer kleinen Wohnung für mich und meinem Kind. Ich sah sie genau vor mir, eine süße Altbauwohnung, tja… war ein Traum!
Am nächsten Morgen fragte ich, was das denn für schöne Musik gewesen sei. Da sagt die Freundin: „Außer dem Brummen des Kühlschranks gab es nichts an Geräuschen!"
Kein Geld! Kein Zuhause und im 8. Monat schwanger…

Diesmal wollte ich nicht einfach zurück zu den Eltern. Sie hatten mich doch soo sehr gewarnt, angefleht, angebettelt, damals! Es half alles nichts.
Und jetzt besuchte ich sie, um ihnen meine Pleite einzugestehen.
Sie wollten mich aufnehmen, aber ich konnte nicht. Das war zu einfach, sollten wieder andere meine Scherben auffegen?
Mama erzählte von einer verstorbenen Oma aus der Nachbarschaft und brachte mich auf den Gedanken, doch dort mal nach einer Wohnung nachzufragen.
So ging ich zu dieser Familie, die im Anbau des gleichen Hauses wohnte. Nein, es sollte renoviert werden und man dachte nicht an vermieten, bringt immer Ärger und Probleme, zumindest Unruhe.
Trotzdem zeigte mir die Frau die Räumlichkeiten. Das war mir alles so vertraut, so heimisch, so, als kenne ich das alles. Es fiel mir wie Schuppen von den Augen, denn es war das Zuhause, was ich im Traum gesehen hatte. Ich konnte es nicht fassen!
Und doch ging ich unverrichteter Dinge traurig zurück. Ich hatte zwischenzeitlich mit den Eltern vereinbart, zu bleiben, bis ich eine Wohnung hätte.
Ich verstand nicht, wieso ich erst von exakt dieser Wohnung träume, um sie dann nicht zu bekommen und beschloss, am nächsten Tag nochmals hinzugehen. Ich wollte doch keine renovierte Wohnung, sondern mir gefiel zudem gerade dieses Urige.
Die Vermieterin empfing mich mit den Worten: „Ich habe die ganze Nacht nicht geschlafen. Immer war mir, als wenn mir einer sagt: Gib die Wohnung dieser Frau! … Du kannst sie also haben, zieh morgen ein, wenn Du möchtest!“

Woww! Nah bei den Eltern und doch getrennt! Ideal! Und der Mietpreis völlig okay! In meinem hochschwangeren Zustand strich ich noch Wände und Schränke, aber ich war glücklich!

Doch die Frage der Finanzierung war noch nicht geklärt. Mir blieb wohl nichts anderes übrig, als vorerst aufs Sozialamt zu gehen.

Unser jetziger Bürgermeister war damals mein Sozialbeamter. Er rief an, um mir mitzuteilen, dass er schon den Antrag für mich fertig liegen habe und ich nur noch zu unterschreiben brauchte. Als ich aber so vor ihm stand, wurde ich unsicher. Ich hatte doch gesunde Hände und lange genug ohne Eigenverantwortung gelebt. Ich bat ihn, um eine Nacht Bedenkzeit. Kopfschüttelnd ließ er mich ziehen.

Zuhause nahm ich mir meine Bibel, leider oft nur der Stopfen in der Not, schlug sie wahrlos auf und las tatsächlich folgende Worte: „Prüfe mich doch, ob ich Dir nicht die Fenster des Himmels auftun werde und dir geben werde im Überfluss."

Diese Worte fielen mitten in mein Herz. Eine tiefe Gewissheit erfüllte mich, dass das mir gilt. Jetzt, für diese Situation!

So ging ich am nächsten Tag zurück!

Und so berichtete ich es dann auch.

Der Mann war entsetzt: "Das ist niemals von Gott, das sagt Dir der Teufel!"

„Ja, gut, wenn es vom Teufel ist, stehe ich bald wieder hier, wenn nicht wirst Du mich hier nie wieder sehen!"

Kurz darauf rief mich ein hiesiges Taxiunternehmen an, ob ich nicht für sie fahren wollte? Und ob ich wollte!

Aber vorher kam erst noch Dave zur Welt.

Eine Geburt mehr wie ein Schlachtfest.

Ich wusste schon bevor die Wehen einsetzten, dass es an diesem Tag soweit sein würde. Abends ging es dann los.
Und da ich das Krankenhaus gewählt hatte, was mich vorher schon betreut hatte, wurde es eine recht weite Anfahrt. Ich bestellte mir ein Taxi und fuhr mutterseelenallein zur Entbindung. Ich wollte es so!
Meine Mutter wollte mich begleiten, aber ich konnte nicht. Ohne zu wissen, waren meine Eltern aber da, im Wartezimmer, ganz früh morgens schon angereist!

Die Taxifahrt führte vorbei an unsrem kleinen Haus, in dem sich mein Mann mit einer Neuen begnügte. Das tat weh!

Dann diese furchtbar komplizierte Geburt!
Aber als endlich dieses kleine, süße Menschlein da war – Beatle nannten sie ihn auf der Station, weil er so lange Haare hatte – war ich einfach nur glücklich!
Dafür wollte ich leben!
Dieses Kind sollte mal was ganz besonderes werden!
In meinem naiven Glauben weihte ich es Gott, so wie bei Samuel und glaubte somit, dass jetzt nichts mehr schief laufen konnte!
Ja, wenn ich da schon gewusst hätte…
Jetzt begann eine schöne Zeit!

Ich war damals zu nervös und fertig zum Stillen und zog mir sehr schnell eine Brustentzündung zu. Aber das witzige war, dass eine Ärztin aus dem Krankenhaus ein Preisausschreiben auf Dave‘s Namen ausfüllte und wir auf diese Weise ein Jahr lang per Post Babynahrung erhielten. Jeden Monat wurde ein riesiges Paket mit fertig abgefüllten Flaschen geliefert, die ich nur warm machen brauchte. Die kleinen Glasfläsch-

chen waren der Renner zum Spielen für alle Nachbarskinder… Überhaupt, uns begegnete eine unheimliche Liebe von gerade völlig unbekannten Menschen.
Eine Krankenschwester legte uns ein Mal pro Woche ein selbstgebackenes Brot vor die Türe, eine Bauersfrau versorgte uns mit frisch geernteten Kartoffeln und Gemüse. Ich dachte, so ähnlich muss es damals bei Jesus gewesen sein, als er in der Krippe lag!
Und alle Nachbarn kamen, obwohl ich keinen Kontakt zu ihnen hatte, ich war ja immerhin jahrelang weg gewesen.

Morgens war ich mit Dave zusammen, nachmittags legte ich ihn bei meinen Eltern schlafen, um selbst auf die Arbeit zu gehen. Ich liebte diesen Job. Das Schöne war, wenn keine Fahrten anstanden, konnte ich bei meinen Eltern warten und wurde dort angefunkt.
Wenn Dave wach war, ging er mit Opa oder Oma spazieren und bald kam ich ja auch schon heim. So wurde er den Eltern nicht zur Last, weil er viele Stunden schlief. Das hat er wohl von mir geerbt, denn schlafen liegt mir auch!
Es war einfach eine harmonische und unbeschwerte Zeit. Mit gelegentlichen Unterbrechungen! Immer dann, wenn Ben uns auflauerte.
Das Schlimme war, dass ich seine Anwesenheit körperlich empfand, schon wenn er noch kilometerweit entfernt war. Wenn es dann schellte, war ich vorbereitet.
Wenn ich nicht öffnete, randalierte er und trat gegen die Tür, so blieb mir nichts anderes übrig, als hinzugehen.
Aber immer waren Leute anwesend, nie ergab sich die Situation, dass er mich allein antraf.
Einmal versuchte er noch, brutal zu werden.
Er drehte meinen Arm auf den Rücken und zwang mich in

die Knie. Er sagte: „Ich will nicht, dass du Gott anbetest, ich will, dass du mich anbetest!“ Was für eine schreckliche Aussage! Aber wie gesagt, er war nie mit mir allein.

Irgendwann hörte auch der Spuk auf.
Ja, es war wie ein Spuk. Denn er erzählte einmal, er habe dem Satan seine Seele verkauft gegen Freilassung aus dem Knast. Am nächsten Tag entließ man ihn.
Alpträume hatte ich noch sehr lange, selbst heute noch ab und an.

So nach und nach entwickelte sich meine Wohnung zu einem Treffpunkt für viele junge Leute. Nette Menschen. Es entstanden Freundschaften, die bis heute ihren Bestand haben.

Obwohl mir auch manchmal alles zu viel wurde.
Labil und nicht so doll belastbar, bin ich bis heute geblieben. Die Powerfrau, die alles im Griff hat, war ich nie und werde ich nie sein. Ich hatte viel mit Migräne zu tun, empfand das teilweise wie einen Fluch. Es gab Zeiten, da war ich nie ohne Kopfschmerzen.
Da waren materielle Engpässe, die mich umtrieben, aber es ging immer weiter und wir hatten immer genug.
Einmal saß ich zum Jahresende brütend über einer Soll-Rechnung, nur um festzustellen, dass mir, ich sag mal, 531,50 DM fehlten und ich keine Idee hatte, wie diese auftreiben.
Wie stand ich am gleichen Abend staunend da, als genau diese Summe auf Heller und Pfennig in einem Umschlag unter der Tür durchgeschoben wurde.
Dieser Sache wollte ich auf den Grund gehen. Es wusste

doch niemand von dieser Situation.
Es stellte sich heraus, dass eine christliche Gruppe für mich gesammelt hat, eine Kollekte mit genau diesem Betrag!
Man darf nun nicht denken, dass mir jeden Tag solche und ähnliche Dinge passierten. Aber gerade diese sind es eben, die sich mir einprägten. Und die immer wieder nur eine Erklärung zulassen: nämlich Gott!

So werde ich auch nicht umhin kommen, eine Taxifahr-Begebenheit hier zu erwähnen.
Es war an einem Samstagmorgen. Ich hatte frei und lümmelte mit Dave gemütlich auf dem Sofa. Da schellt's.
Meine Chefin! „Du musst unbedingt helfen, es ist die Hölle los." Stöhnend brachte ich David zu den Eltern, zog mich ordentlich an und fuhr zur Zentrale.
Ich erhielt meine Fahranweisung und brauste los. Ein Mann stieg ein und wollte in den Nachbarort an eine bestimmte Stelle an den Waldrand gebracht werden. Ich dachte, er wollte wandern.
Dann sagt er: „Wenn es noch einen Sinn hätte..."
So kamen wir ins Gespräch und er erzählte mir von seiner hoffnungslosen Situation. Ich wiederum versuchte, ihm Mut zu machen und erzählte ihm von Gott.
Er stieg dankend aus und gab mir eine Tüte mit der Bitte, diese zu vernichten. Eine Flasche Schnaps und Tabletten, die reichten, ihn ins Jenseits zu befördern, was er auch vorgehabt hatte.
Diesen Mann habe ich niemals mehr wiedergesehen. Manchmal denke ich, es war nur eine Erscheinung.
Als ich wieder hoch zur Zentrale kam, sagte man mir: „Kannst heim, es ist auf einmal alles ruhig!"
Für diese eine Fahrt war ich gekommen!

Meinen lieben Chef hab ich an Krebs zerfallen sehen. An ihm hing ich sehr und er an mir. Ich fuhr damals einen R4 mit einem christlichen Aufkleber. Der Chef sagte immer liebevoll: „Da kommt unser Jesuskindchen mit dem Krippchen angefahren."

Welche verheerenden Formen der Christenheit es gibt, sollte ich durch einen Mann kennen lernen, der eines Tages in meine Wohnung Einzug hielt, um unser geordnetes und wohliges Leben für ein paar Stunden völlig aus den Angeln zu heben.
Ich hatte ihn auf einer christlichen Freizeit kennengelernt. Er besuchte mich anschließend mit seiner Tochter, ein Teenie, und seiner Frau.
Zuvor legte er mir ans Herz, doch möglichst vieler meiner Freunde einzuladen, damit man sich in einer recht großen Runde austauschen könnte über Gott und die Welt.
Wir waren viele, die begonnen hatten, sich für Gott zu interessieren.
Viele, die dann auch anwesend waren, als der „Mann Gottes", zumindest in unsren Augen, auftauchte.
Er beeinflusste uns derart, dass unser Denken einer unglaublichen Manipulation unterlag, die an Gehirnwäsche grenzte. Er machte uns durch Bibelstellen glaubhaft, dass wir Dämonen in uns trügen, die ausgetrieben werden müssten!
Trance, Bann, nie habe ich so etwas zuvor und je wieder erlebt.
Dave, der damals höchstens vier Jahre zählte, begann zu weinen und rief ständig: „Mama, schick die Leute weg!"
Ich brachte Dave zu meinen Eltern. Ich erinnere mich, dass ich dachte: „Du musst ihn hier weg schaffen."
Aber was veranlasste uns, uns selbst nicht in Sicherheit zu

bringen?
Die Tochter des Mannes begann zu hyperventilieren und merkwürdig zu zucken.
Das war wohl das Zeichen, dass neue Dämonen entfernt werden mussten.
Und dieser schreckliche Mann begann einen Exorzismus, dass uns Hören und Sehen verging.
Die Tochter wurde wie von unsichtbarer Macht hin und her und hoch und runter geschleudert, so wie ein Mensch alleine sich nicht würde bewegen können, während der Mann im Namen Jesu die Geister bannte.
Dann war der Spuk vorbei.
Nur, um später an der Frau erneut zu rütteln.
Mit mir geschah etwas Merkwürdiges, ich wurde regelrecht krank.
Übelkeit, Erbrechen.
Das, laut Aussage des Mannes, ist das sichere Zeichen, dass die Dämonen raus wollen.
Zu meinem Elend hatte ich einmal den Film: „Der Exorzist“ gesehen. Lange her.
Aber genau diese Bilder verfolgten mich jetzt. Die Brust der Frau platzte auf und die Dämonen kamen heraus.
So lag ich da und glaubte, dass genau das bei mir geschehen würde.

Ich denke heute, ich hatte unglücklicherweise zu diesem unpassenden Zeitpunkt die Magengrippe. Und meine irregeführte Psyche und die Angst wirkten den Rest.
Die anderen jungen Leute waren so geschockt von all dem Geschehen, dass sie sich die ganze Nacht nicht von der Stelle rührten und mehr oder weniger auf der Erde lagen und beteten.

Ich lag im Bett. Nicht in der Lage aufzustehen.
Die schrecklichen Leute waren längst wieder weg.
Am nächsten Morgen verließ Ralf, der jüngste von uns allen, das Haus mit den Worten: „Ich geh jetzt Hilfe holen." Und wie froh waren wir, dass Menschen uns glaubhaft beruhigen konnten, dass wir nicht besessen sind!
Wenn Jesus uns Rettung anbietet, uns versiegelt mit dem Geist Gottes, wieso sollten dann noch irgendwelche Dämonen zur Untermiete sitzen und sich weigern, das Haus zu verlassen.
Denn genau mit dem Argument arbeitete der Exorzist.
Nur, eins wurde mir doch sehr klar: Diese Mächte existieren!
Lasse ich mich von ihnen bedrohen, dann benutzen sie mich als Spielball.
Angst und merkwürdige Erscheinungen!
Auch mir ging das noch eine Weile nach.
Ich erinnere mich an eine Nacht, als ich das Empfinden hatte, dass jemand an meinem Bett steht.
Wache auf und sehe eine schreckliche Gestalt, will sie wegschieben und stoße sogar auf Gegenständliches. Eine grüne eklige Hand lag auf mir.
Natürlich hielt ich es für einen Albtraum, war verstört und erschreckt. Aber nahm das nicht ernst, bis sich dieses schreckliche Etwas von mir wegbewegt, hin zum Kinderbett und Dave ganz schrecklich anfängt zu schreien.
Wie schnell bin ich aus dem Bett gesprungen, hab den Dave in meinen Arm gerissen… es war definitiv nichts da! Und doch!
Und bis heute ist mir der Gedanke so beruhigend zu wissen:
Gott hat Satan besiegt!
Ich bin versiegelt mit Gottes Siegel!
Ich habe Ihn gewählt!

Es gibt nichts Stärkeres! Und Dämonen haben nicht die Macht, diese Versiegelung aufzubrechen!
Einmal besuchte ich einen Verwandten, von dem ich wusste, dass er sich sehr mit okkulten Dingen beschäftigt hat.
Als ich dort ankomme, sagt er: „Ich wollte wissen, was mich heute erwartet und habe die Karten befragt. Und sie antworteten mir: „Heute bekommst du Besuch von der Priesterin Gottes, des Allerhöchsten!"
Ich war wie vom Donner gerührt, aber auch so bewegt, dass Gott mich anscheinend vor den anderen Mächten als die Seinige darstellt!

Heute muss ich so oft an eine Bibelstelle denken, wo Jesus einmal sagt: „Selbst wenn ich ihnen viele Zeichen sende, so glauben sie doch nicht!"

So vergaß ich Jahre später auch.
Als Not und Leid sich über eine lange Durststräcke hinzog, begann ich auch, an Gott zu zweifeln! Nicht an seiner Existenz, wohl aber an seiner Liebe zu mir!

Aber Gott bleibt sich selbst treu.
Und er blieb mir treu!
Er ging mit mir weiter, selbst als ich nicht mehr mit Ihm ging!!

Dave wurde sechs Jahre alt.
Wir zogen um, da diese Wohnung für Eigenbedarf benötigt wurde. Und mit dem Wohnungswechsel änderte sich auch wieder unsre Lebenssituation.
Dave wünschte sich ein Brüderchen und ich schenkte ihm eine schwarze Katze.

Diese liebte er sehr. Er trainierte ihr ein paar merkwürdige Kunststückchen an. So wurde sie jeden Morgen mit seiner schmutzigen Unterwäsche beladen, die sie ganz brav in den Wäschekorb transportierte.
Es kam die Zeit der Einschulung. Wir waren neben die Schule gezogen und ich erhielt einen Job an eben dieser Schule, als Erzieherin, ein Projekt, für die Kinder berufstätiger Eltern.
So ging ich mit Dave zur Schule!
Die Arbeit machte mir große Freude.
Und es bremste Daves unruhiges aktives Gemüt doch noch ein Stück weit, weil ich ja direkt an der Quelle saß.

Aber wehe, wenn sie losgelassen… manche jedenfalls!
Mit dem Wechsel an eine andere Schule wurde Daves bis hierhin behüteter Weg (zu behütet? Wie oft schon und immer noch, stell ich mir diese Frage), in andere Bahnen gelenkt.

Doch zuvor ereigneten sich noch zwei gravierende Dinge, von denen ich berichten muss.

Ich war ja immer noch Ehefrau.
Ben verunglückte mit einem Motorrad. Und er war an diesem Unfall unschuldig! Das brachte ihm damals eine riesige Summe Schmerzensgeld (es hätte für einen Hauskauf gereicht), weil sein Bein völlig zertrümmert war und lange Zeit Amputation unumgänglich schien. Aber davon erfuhren wir erst viel später.
Von dem Geld haben sein Kind oder ich nie etwas gesehen. Ebenso wenig wie Unterhalt. Ich hätte heute noch die erste Münze zu bekommen!

Ich beschloss, Ben in der Uni-Klinik zu besuchen, wohin man ihn per Hubschrauber geflogen hatte.
Dave wird so zwei bis drei Jahre alt gewesen sein und kannte seinen Vater nicht.
Was auch immer mich geritten hatte, ich wollte das Kind mitnehmen.
Obwohl meine Mutter nichts von meinen Plänen wusste, wurde sie so unruhig und erahnte plötzlich, was ich vorhatte. „Dann lass um Himmels willen das Kind hier!" Und wie froh bin ich, dass auch diese Bremse gezogen wurde.
Denn es wurde eine recht aufregende Geschichte.
Ich nahm noch eine Freundin zu meiner eigenen Verstärkung mit. Man nannte uns zuerst das falsche Zimmer. So waren wir entsetzt, einen von Kopf bis Fuß völlig verbundenen Mann vorzufinden. Langsam pirschten wir uns näher, schockiert, bis meine Freundin sagt: „Das ist nicht Ben!". „Doch, doch, ich erkenne ihn an den Füßen." Das war das einzige Sichtbare an dieser lebenden Mumie. Sie starrt uns an, wir starren diese an… aber beim Blick in die Augen, erkannte ich dann den tragischen Irrtum.
Im Zimmer nebenan thronte Ben!
Über alles erhaben, so schien es.
Er konnte sein Bein behalten und sein Leben wurde erbärmlich!

Auf dem Flur fängt mich der Oberarzt ab mit den Worten: „Ich habe gehört, Sie sind die Ehefrau! Ihr Mann verweigert den Aids-Test, aber wir führen die Tests dann anonym durch! Bitte, lassen Sie sich einen Test machen. Es ist wichtig! Aber ich habe Schweigepflicht! Mehr darf ich nicht sagen."
Peng! … der Hinweis war ja unmissverständlich!
Ich hatte eine Freundin, die im Labor eben dieser Klinik

arbeitete. Sie schaute an dem Datum von Bens Einlieferung die Testergebnisse durch und es waren zwei HIV positiv darunter.

Dave? Ich? HIV infiziert? Bange Tage bis zum Ergebnis!
Und Entwarnung! Gott sei Dank!

Das Zweite, was ich noch erwähnen will, ist die Tatsache, dass Ben die Scheidung einreichte.
Dave war mittlerweile fünf.
Der Anwalt, der mich vertrat, rief mich einen Tag vor dem Termin an, um mir mitzuteilen, dass Ben nicht auffindbar sei und man ihm den Scheidungstermin nicht zustellen konnte. Ob ich ihn nicht informieren könnte?
Ich hatte ihn doch fast fünf Jahre nicht gesehen. Keine Ahnung, wo er sich rum trieb.
An eben diesem Tag kommt eine Freundin vorbei, und fragt, ob ich nicht mit ihr nach S. fahren will zum Shoppen.
Sofort schießt mir der Gedanke in den Kopf, dass ich dort Ben treffen werde und spreche ihn auch laut aus. Betty schüttelt nur den Kopf.
Aber genau das geschah. Wir stehen plötzlich vor ihm!
Dave sagt: „ Ich kenne Dich. Ich weiß, wer Du bist, ich hab Fotos von Dir!"
Ich informiere Ben über die morgige Scheidung.
„Ich weiß auch nicht, was mich getrieben hat, sie einzureichen, aber ich will keine Scheidung und werde nicht da sein!" lässt er mich wissen.
So stand ich dann alleine im Gerichtssaal.
Ohne Bens Anwesenheit konnte ich nicht geschieden werden. Es sei denn, *ich* würde nun den Antrag einreichen.
Nur war ich damals noch so drauf, dass ich glaubte, Gott

will nicht, dass ich das tue. Sonst hätte ich es schon vor Jahren gemacht. Und es war mir doch wichtig, Gott zu gehorchen. Damals!
Und das sagte ich so!
Eine Bombe hätte kaum eine größere Reaktion hervorgerufen. „Seien sie doch vernünftig! Sie können doch an diesen Mann nicht gebunden bleiben! Der Haftbefehl ist draußen, er wird gesucht… Raubüberfall!“
Ja, das hatte ich gelesen. In der Zeitung. Trotz geänderter Namen, erkannte ich ihn. Ein Pärchen hatte einem Mann aufgelauert, den die Frau zuvor ansexte. Diesen fingen sie ab, schlugen ihn zusammen und raubten ihn aus. Sie wussten, dass er eine Menge Bargeld bei sich trug. Später bei Gericht inszenierte der Täter eine so große Reue (!) über alles und überhaupt sein Leben (Frau und Kind verloren, etc.) …Der arme Berichterstatter hatte großes Mitleid und so viel Hoffnung für diesen reuevollen Täter, dass mir klar war: Das kann nur Ben S. sein, in einem seiner Auftritte! Erkundigungen bestätigten es.

Zurück zum Gerichtssaal.
Interessanterweise warf mir keiner vor, dass ich spinne.
Ratlosigkeit herrschte, bis Bens Anwalt sagt: „Und jetzt schaffen wir einen Präzedenzfall! (Ein bis dahin nie dagewesener Fall). Ich reiche die Scheidung ein! Mein Mandant hat bei mir bekundet, dass er die Scheidung will! Die kann er haben!“
Ich wurde geschieden.
Frei!
Das war natürlich das absolut tolle Gefühl!
Gott kommt immer an sein Ziel.
Und diese Scheidung hat Er gewollt!

Seitdem habe ich bei meinem Anwalt einen ganz besonderen Stein im Brett.
Ich brauchte ihn später noch einmal!
Traurigerweise muss ich hier einfügen, dass ich dann in eine Gruppierung geriet, in der man mich lehrte, dass ich mitnichten frei sei, niemals frei für einen neuen Mann.
Lediglich frei von dem Alten.
„Biblisch" belegt und von mir geglaubt. Und danach gehandelt, viele Jahre lang!
So war ich auch drauf!
Nicht nur in dieser Sache.
War es vielleicht Schutz, von Oben zugelassen?

Und dafür hab ich mich und andere später gehasst!
Denn es hatte vielleicht sehr schlimme Konsequenzen, vielleicht… aber ob ich es jemals wirklich wissen werde?
Dazu später.

Kapitel 6

Als Du noch klein warst, Dave

Wie soll ich das Kapitel über Dich schreiben? Beginnen mit meinen 1000 Selbstanklagen? Beginnen mit der Zeit, wo ich dachte, ich wäre eine gute Mutter gewesen?
Was ist gut? Das was ich damals dachte, oder das, was ich heute denke, oder meine Einsicht von Morgen? Wer weiß es schon! Das von gestern verwerfe ich heute, um das von morgen anzuziehen und ich weiß nichts…
So ähnlich ist es mit der Erziehung!
Ich weiß nur, ich hab's gut gemeint, wollte es richtig machen und doch war so vieles falsch!
Jedoch ein Punkt steht fest: Es war Liebe!
Vielleicht die einzigste, die ich je in meinem Leben wirklich empfand! Hast du sie denn ein wenig gespürt? Hast du es gewusst? Unvollkommene… aber Liebe!

Empfandest du denn deine Kindheit ein klein wenig… schön?
Vor kurzem sagtest du zu mir: „Vertrauen kenne ich nicht mehr. Früher gab's Vertrauen im meinem Leben. Davon ist jetzt nichts mehr da. Die Menschen, denen ich vertraute, die habe ich verloren oder von mir gestoßen!“
Meine Panik vor dem Leben habe ich auf dich übertragen. Ich erkannte dein Wesen und habe versucht zu retten, zu bewahren. Dabei hab ich dich eingeengt. Es tut mir so leid!

Du warst so ein süßer kleiner Kerl. Und das Kind all unserer Freunde, die kamen.
Dazu furchtbar geliebt von Opa und Oma. Sie waren so vernarrt in dich.
Und unsre Urlaube am Meer oder in den Bergen. Unsere herrlichen Ausflüge mit dem Citroen 2CV.
Wir waren nie allein. Wir hatten so viele, die zu uns gehörten. Erinnerst du dich?

Du warst ein witziger Kerl. Weißt du noch, wie wir im Bett kuschelten und „Ich sehe was, was Du nicht siehst" spielten? Du trugst eine rote Strumpfhose und ein weißes T-Shirt.
Und ich sagte: „Ich sehe was, das sieht so ein bisschen aus wie ein Storch!" Du kontertest: „Und ich sehe was, das ist orange, schrunzelig und pickelig," und meintest mein Gesicht.
Aber hier an dieser Stelle ergreife ich mal für mich Partei! Ich war noch so jung und pickelig bin ich auch nicht!
Tja, so sah mich mein Sohn!
Manchmal hätte ich ein Vermögen gegeben, um zu ergründen, was in dir vorgeht. Was du denkst, wer du bist? Ich stand immer vor einem verschlossenen Rätsel.
Du warst so introvertiert.
Schon von der ersten Stunde an ließt du dich nicht auf den Arm nehmen. Wenn du an meiner Brust trinken solltest, bisst du mit dem Gaumen zu, boxtest mit den Fäustchen und tratest mit den Füßchen und das alles gleichzeitig.
Stillen wurde zum Unding!
War es dein Erleben im Mutterleib?
Deine Zuneigung zeigtest du, indem du ständig wie ein kleiner Hund in meiner Nähe auf der Erde lagst. Ich hatte immer Angst, mal über dich zu stolpern, auf dich zu treten.

Das machtest du noch, da warst du schon fast groß!
Drei Schnuller brauchtest du zum Einschlafen. Einen zum Schnullern, einen strichst du über die Nase und einen drücktest du zwischen Daumen und Zeigefinger, das machte so schön blub.
Da wir ständig auf Schnullersuche waren, kam ich auf die glorreiche Idee, sie alle an eine Schnur zu ketten.
Das wurde dir fast zum Verhängnis, denn eines Abends kam ich in dein Zimmer, da rocheltest du schon nach Luft. Die Schnur hatte sich um deinen Hals gewickelt.
Morgens krochst du in mein Bett. Aber von wegen kuscheln! Das höchste der Gefühle war, dass du deinen Rücken an meinen Rücken legtest. Für mich war es ein Liebesbeweis, zumal du die Angewohnheit sehr lange beibehieltest.
Ich las dir viel aus der Kinderbibel vor. Du liebtest all die Geschichten. Und dabei saßt du sogar still auf meinem Schoß! Aber du bestandst auch drauf, dass ich dir aus der „großen Bibel„ vorlese, von Dingen, die ich selbst nicht verstand, von den ganzen ermüdenden Gesetzen, teils für uns unverständlichen Vorschriften, natürlich auch die ganzen wunderbaren Erlebnisse, besonders von David!
Wie oft spielte sich folgende Szene ab: Ich war lesemüde und wollte aufhören, da sagst du: „Weiter Mam, weiter! „Ich kämpfe mich zum nächsten Kapitel, will schließen… „Weiter, Mam, weiter…“.
Manchmal zog sich diese Episode über eine Stunde hin und noch länger.
Du warst einfach ein verrückter, kleiner Kerl.
Weißt du noch, wie du mich erschrecktest, indem du eine Sägemehlspur vor meinem alten abgelaugten Kojenbett ausstreutest?
Die Sägespäne hattest du dir extra aus Opas Schuppen mit-

genommen! Meine Holzwurmpanik war perfekt, bis mir dein Gesicht merkwürdig belustigt erschien.
Und pfiffig warst du auch.
Als mir der Griff zum Öffnen meiner Waschmaschine abbrach, öffnetest du sie trotzdem, bautest diesen aus und instruiertest mich, welches Ersatzteil ich bräuchte. Du warst da nicht mal zehn.
Oder auch die Kuckucksuhr, die du wieder zum Laufen brachtest, als kleiner Pimpf!
Weißt du noch… so könnte ich fortfahren.
Aber von dem kleinen Matzi muss ich noch berichten. Das Vögelchen, eine Blaumeise, das du mit Würmern großzogst. Mit dem du fliegen übtest, bis es klappte. Das mit ins Krankenhaus musste, als wir deinen Opa dort besuchten, weil der Piepmatz alle 1,5 Stunden Futter brauchte. Dort wurde er zur Sensation von Patienten, Schwestern und Ärzten.
Sein Futter bestand aus halb durchgeschnittenen, lebendigen Würmern aus dem Angelgeschäft, die wir im Kühlschrank aufbewahren mussten.
Dieses Tierchen wurde so zahm, dass es auf unsre Schultern flog, durch die ganze Wohnung düste und auch später, als es schon flügge war, immer wieder zu uns zurück kam und um Würmchen bettelte.
Aber es trat dann eine zunehmende Scheuheit ein, was auch gut war. Bis wir es ganz aus den Augen verloren. Ob es dann doch letztendlich Opfer unsres Katers Philipp wurde?

Oder der putzige, kleine, rote Dompfaff, den wir einsammelten, weil er sich den Flügel gebrochen hatte.
Was hat der uns genervt, unter Strom gesetzt, weil er nicht damit klar kam, im Käfig zu sitzen.
Aber der Tierarzt sagte, dass er über Winter eingehe, wenn

wir ihn nicht aufnehmen.
Hin und her und hin und her hopsend, völlig aufgedreht turnte er auf der Schaukel im Käfig.
Wir versuchten ihn mit Musik zu beruhigen.
Und tatsächlich, nach einiger Zeit pfiff er ein Lied mit.
Und im nächsten Frühling hörten wir dieses Lied, wie es leidenschaftlich von der hohen Tanne herab geträllert wurde. Fast so, als hörte man die Hochstimmung der Freiheit heraus.

Du warst ein Draußenkind. Ein Outdoor Fan.
Wie oft zeltetest du mutterseelenallein auf der Wiese, manchmal war das wochenlang dein Domizil, gelegentlich teiltest du es mit deinem Freund Humphrey.
Oder du nähtest dir Sicherungsgurte zum Besteigen von Bäumen und Felsen. Ich hatte Angst, wusste ich doch nicht wie stabil diese wirklich waren. Wie sollte ich das auf echte Tauglichkeit prüfen.
Grauenvoll war mir immer, wenn du mit deiner Hängematte ganz oben in der Spitze zwischen zwei Birken hingst, mit Buch und Cola.
Gerade diese Hängematte zerriss Tage später im Garten bei niedriger Höhe, als sich ein etwas schwereres Kind hineinplumpsen ließ.

Ach Davie, auch diese noch recht unbeschwerte Zeit nahm ein Ende.
Du fandest dich in der Schule nicht zurecht.
Dein Wesen, was wir dir mitgaben, dein Vater und ich, brach immer mehr hervor, mit den gleich klingenden Strophen, die ich ja alle hier schon einmal beschrieben habe.
Ich musste dich von der einen Schule nehmen.

Auch auf der anderen Schule lief's zäh. Aber dort hattest du Lehrer, die dir wohlwollten und sie schleiften dich dann durch die Mittlere Reife!
Obwohl ich glaube, dass zu der Zeit bei dir noch kein Alkohol und Drogen mit im Spiel waren.
Ich habe dich sehr isoliert gehalten. Wollte nie, dass du dich in Cliquen herumtreibst. Ich hatte am eigenen Leib zu schlechte Erfahrungen gemacht und wollte dich schützen. Zudem kam die extrem religiöse Knute, unter der ich ebenso steckte, wie ich sie dir überstülpte. Alles „weltliche" ist Gott ein Gräuel, so wird es ausgelegt. Was meint Gott damit? Vielleicht genau die Dinge, vor denen ich dich schützen wollte.
Aber es geht nicht durch strenge Verbote. Es funktioniert nur über die Einsicht des Herzens. Und dafür, das wusste ich damals auch noch nicht, braucht man ein ganzes Leben und die teilweise auch negativen Erfahrungen. Ich wollte alles kanalisieren. In gute Bahnen lenken.
Es tut mir heute so leid, dass ich dir Dinge verbot, die ich dir ruhig hätte erlauben können. Ich habe dich tatsächlich isoliert. Nicht zugelassen, dass du enge Kontakte nach Außen entwickeltest.
Außer in einem von mir abgesteckten, beurteilbaren und einigermaßen kontrollierbaren Rahmen. Und eben in dem Radius, wie ich es glaubte, von Gottes Warte aus zu erkennen. Ich hatte doch keine Ahnung! Ich wusste selbst noch so wenig.
Und wie schwer die Zeiten werden sollten, die folgen würden – wie gut, dass ich es nicht wusste.

Kapitel 7

Anders schwer (Meine Familie)

Mama wurde krank. Alzheimer!
Es begann schleichend, sodass man erst mal überhaupt nicht in der Lage war, die Verhaltensveränderung einzuordnen. Man nimmt in der Phase noch alles persönlich, fühlt sich angegriffen, verletzt, verstoßen.
Ich vergesse den Tag nie, an dem Papa nach endlosen Reibereien zwischen Mama und mir, sagte: „Hast Du immer noch nicht gemerkt, dass die Mama sehr, sehr krank ist?" Das ich erst dieser Aufforderung bedurfte, mich nicht länger selbst zu betrügen, den Tatsachen ins Auge zu sehen, ist ein typischer Wesenszug von mir.
So hab ich damals auch erst im 4. Monat realisiert, dass ich schwanger war, obwohl ich es hätte Wochen vorher bereits an all den untrüglichen Symptomen erkennen müssen.
So auch hier. Lieber nicht hinschauen, als den Konsequenzen ins Auge zu sehen!
Mama verfiel regelrecht dem Wahnsinn. Wie ein schleichendes Gift!
Da ich noch meinem Job nachging, blieb viel an Papa hängen, denn man konnte Mama zusehends weniger ohne Aufsicht lassen.
Die sonst so milde und herzliche Frau wurde von einer sich steigernden Aggressivität befallen, die uns an den Rande der Verzweiflung trieb.
Medikamentöse Einstellung entwickelte sich zu einem

Schuss nach hinten. Entweder der Körper reagierte mit völliger Lahmlegung, oder entgegengesetzt mit ungeheurer Energie und Kraft, die sie dann gegen uns verwendete.
Da ich nun immer mehr Haushaltsführung und Kochen übernahm, wurde ich zur Zielscheibe der Agitationen. Das Adoptiv, wie sie mich plötzlich nannte.
So wie sie mich erblickte, zog sie gegen mich an.
Als sie mich nicht mehr erkannte, war's am schlimmsten. Sie betitelte mich nur noch mit Hexe, Teufelsweib, Satansbrut, ... Ausdrücke die sie nie vorher verwendet hätte.
Wir hatten es schon immer schwer miteinander, weil wir so grundverschieden in unserer Art waren, dass es sich regelrecht biss.
Papas Art lag mir schon eher. Er hatte etwas, das faszinierte die einen ebenso sehr, wie es andere abstieß. An Papa spalteten sich die Menschen in für und wider.
Mein Pech war, dass Mama sich eher an die Zeit mit mir erinnerte, wo ich ihr viel, viel Kummer machte und all die unverarbeiteten Enttäuschungen kamen jetzt zusätzlich ans Licht.
Meine Ernte sammelte ich jetzt ein!
Papa dagegen hatte bis zum Schluss den Zugang zu Mama, d.h. solange sie sich hatten. Die beiden wurden zu Lebzeiten auseinandergerissen. Und das war einfach grausam. Dazu aber gleich.

Mein Kampf mit Mama begann morgens im Bad und endete abends im Bett, wenn wir sie überhaupt erst dahin befördern konnten. Und die Nächte wurden zum Albtraum für Papa, wenn Mama durchs Haus geisterte, und sich alle geregelten Dinge in ungeregelte Zustände verwandelten.
Lebensmittel landeten in Kissenhüllen, ebenso wie die

Geschäfte, für die üblicherweise die Toilette gedacht ist, im Wäschekorb.
Hier könnte ich eine Endlosliste fortsetzen.
Kampf, Kampf, Kampf!
Sie sah Halluzinationen, las lange Briefe vor, die für sie in einem Blumenstrauß zu lesen waren oder sah ihre Mutter im Garten umherspazieren.
Oft schrie sie aus dem Fenster auf die Straße: „Hilfe, Hilfe, die bringt mich um." Ich war *die*!
Stand ich am Herd, dann versuchte sie die kochenden Töpfe von der Platte zu ziehen, oder bearbeitete mich mit Messer und Gabel. Während ich mich bemühte, die nötigen Dinge im Haushalt zu erledigen, war Papa dafür zuständig, mir Mama „vom Hals" zu halten.
Abends, wenn wir sie nicht ins Bett schafften, wollte ich meinen Bruder um Hilfe rufen, doch dieser zog sicherheitshalber ab halb acht den Stöpsel aus dem Telefon. Dabei wohnte er im Haus nebenan und war arbeitslos!
Wie oft hab ich mich dann an Freunde wenden müssen, die mir stattdessen halfen, Mama die Treppe herauf zu tragen!
Diese Krankheit wird oft durch ein Schlüsselerlebnis ausgelöst.
Das war in unsrem Fall die makabere Geschichte mit der Papa wohl bis fast zum Ende seiner Tage nicht fertig wurde: Er überfuhr beim zurücksetzen die Mama. Er spürte den Widerstand und dachte, es sei ein Bordstein, um dann nochmal mit Vollgas zurückzusetzen.
Grauenvoll für ihn, folgenschwer für Mama, denn sie humpelte nach langer Krankheit für den Rest ihres Daseins.
Mein Bruder hatte mittlerweile ein Haus in den Garten des Elternhauses gebaut. Papa hat finanziert. James wohnte dort mit seiner Freundin, mit der er ein Kind hatte. Das zweite

war unterwegs.
Zuvor hatte er seine Praxis verkauft, nachdem er sie völlig heruntergewirtschaftet hatte, null Bock und spielsüchtig. Seine Frau verließ ihn mit den Kindern. Jetzt lebte er hier mit der neuen Familie. Das Haus musste auf den Namen eines der Kinder geschrieben werden, sonst wäre es sofort weggegangen.
Vor diesen Tatsachen verschloss Papa geflissentlich die Augen!
Dave wurde zusätzlich immer schwieriger zu lenken.

Mittlerweile beschloss ich, die Arbeit zu kündigen, um ganz ins Elternhaus zu siedeln, weil eben nichts mehr wirklich ging.
Papa wollte zwar meine Hilfe, aber mich im Grunde nicht in seinem Haus.
Ich weiß, dass ich oft empfand, dass meine Eltern einen Sohn hatten, und eine Sklavin besaßen.
Irgendwie hatte der Sohn einen anderen Status!
Er war immer der liebe und blieb es auch, als er es nicht mehr war.
Aber auch das hatte seine Grenze!

Ich konnte nicht zwei Haushalte und zwei Gärten versorgen, und ebenso wenig war Kraft und Luft für die Arbeitsstelle. Aber das erste Problem kam auf mich zu, indem Papa mich finanziell nicht unterstützen wollte, ebenso wenig wie er bereit war, mir die obere Etage, die leer stand, zur Verfügung zu stellen.
Jede Polin hatte es besser. Obwohl sie hier im Lande Dienste leisten, die kein Deutscher bereit ist, auf sich zu nehmen. Aber sie kriegen wenigstens Lohn.

Papa war der Auffassung, mein 2 x 2 Meter großes Jugendzimmer reiche für mich und Dave.
Nachdem ich diese Schlacht gewann, stellte Papa sich quer mit dem Einbau von Heizkörpern in den oberen Räumen. Das Ende vom Lied war dann, dass ich sie mir selbst bezahlte, Teppichboden und Tapeten ebenfalls.
Und hätte ich nicht gute Freunde gehabt, ich wäre hier schon steckengeblieben.
Während der Renovierung schmiedeten Papa und Bruder den nächsten Komplott. Sie sagten mir, sie wollten das alles nicht, sprachen von Enterbung, schrien, brüllten und tobten, weil ich mir die Räume ein bisschen nett machte. Wohlgemerkt vom eigenen Geld, im Grunde genommen die bepinkelten Schlafzimmer entrümpelte und wieder salonfähig machte.
Freunde standen fassungslos vor diesem Schauspiel und beschlossen, mir die Heizungsmontage zu bezahlen. Sahen, dass ich eigentlich schon am Ende war, bevor alles begonnen hatte.
Aber die Intrigen gingen so weit, dass ich beschloss, den Platz zu räumen, indem ich Vater und Bruder mitteilte, dass ich gehe.
Mein Bruder war ohne Arbeit, hätte also die Zeit gehabt, die Eltern zu versorgen.
Ich hatte meine alte Wohnung bereits gekündigt, konnte dies aber rückgängig machen.
Ich ging, allerdings mit den Worten: „Enterbt mich, aber ruft mich nie, nie wieder!“
Es dauerte keine drei Tage, da hatte ich Papa weinend am Telefon: „Ich brauche Dich, bei James bin ich verratzt und verkauft. Du sollst mich versorgen!“
Ich kam.

Ich hoffte, bessere Bedingungen zu finden.
Aber dem war nicht so.
Ich wurde so knapp gehalten, dass ich mein eigenes Telefon und Auto nicht finanzieren konnte.
Hier muss ich wieder sagen, wie selbstlos Freunde mich monatlich unterstützten. Menschen lernt man in solchen Situationen kennen.
Dort entpuppt sich der Charakter.
Dort lernt man, wem man vertrauen kann und wem nicht!
Dort werden Familien gespalten!
Aber am Ende jeden Monats brachte ich einen dicken Check ins nachbarliche Bruderhaus. Ausgestellt von Papa!
Die Summe des zu zahlenden Abtrages!
Kann sich ein Mensch vorstellen, was ich dort an psychischer Ungerechtigkeit und Grausamkeit wegstecken musste!
Mittlerweile gefangen in der Situation, ohne Wohnung, ohne Arbeit, bereit zu diesem Schritt und so bekriegt!
Für mich unbegreiflich.
Ich kannte so etwas nur aus Büchern.
Intrigengeflechte und himmelschreiende Ungerechtigkeit!
Ich verstand es einfach nicht.

Mein Bruder kam ab und an mal vorbei.
Einmal setzte er seinen Vater auf den Toilettenstuhl, während ich einkaufen war. Als ich zurückkam, lobte Papa seinen „Jamie“ in den höchsten Tönen, wie dieser sich doch für ihn ins Zeug lege.
Da bin ich ausgerastet!
Ich stand Tag und Nacht zur Verfügung und mein Bruder kam noch nicht mal jede Woche vorbei.
Von Mithelfen war nie die Rede.
Das war in aller Augen mein Job!

Dafür war ich wohl da.
Seine Freundin lies sich anfangs öfter blicken.
Später, als die Erbfrage geregelt war, kamen beide überhaupt nicht mehr!
Nur noch ein Mal im Monat, den Scheck abholen.
Entsetzt beobachtete ich, wie die Freundin ins Zimmer geht, das Papier abholt und stracks wieder rausmarschiert. Mein Bruder kam zu dieser Zeit gar nicht.
Ich muss dazu sagen, dass diese Frau selbst ziemlich fertig war mit ihrer Nervenkraft, mildernde Umstände für sie, die aber die Situation wie sie für mich vorlag, nicht entschärfte.

Hinzu kam, dass der Versuch, Mama durch einen Aufenthalt in einer Spezialklinik irgendwie so einzustellen, dass man mit ihr zusammen einigermaßen leben konnte, derart scheiterte, dass selbst Spezialisten sagten, solch einen extremen Fall dieser Krankheit bisher noch nicht erlebt zu haben. Während dieser Zeit erlitt Papa den ersten Schlaganfall, der ihn mehr oder weniger ans Bett fesselte.
Das Krankenhaus drängte auf eine Entscheidung. Sie holten mich zum Gespräch mit dem Ergebnis, mir eindringlich zuzureden, Mama unter keinen Umständen heimzuholen. Das würde eine Person alleine nie schaffen. Sie bräuchte fachliche Betreuung rund um die Uhr, zum Wickeln und Baden mindestens zwei Personen.
Die Entscheidung, Mama von Papa zu trennen und in eine Pflegestation im Altenheim zu tun, wurde für uns eine sehr bittere. Sie zerriss Papa fast entzwei, aber es gab definitiv keinen anderen Weg.
So blieb für Papa nur der Abschied von seiner Frau.
Er lebte und war nur noch einmal unter großen Mühen in der Lage sie zu sehen, musste sie zurücklassen, ohne dass der

Tod sie schied.
Für diese beiden, die zusammenklebten wie Pech und Schwefel, war das eine unsägliche Qual.
Selbst für Mama! Obwohl sie nichts mehr verstand, zerfiel sie nach der Trennung.
Und ich fühlte mich schuldig, weil ich nicht in der Lage war, es zu verhindern. Ein Bild, das heute noch im meinen Träumen vor mir steht, werde ich wohl nie vergessen. Ein typisches Erscheinungsbild, wenn ich sie besuchen kam.
Sie lag in ihrem vergitterten Bett, rappelte heftig an den Stäben und schrie mit einer dunklen, unheimlichen Stimme: „Ich will hier raus, holt mich hier raus!" Oder „ Wasser, … Wasser!"
Sie hatte diesen Wahnsinn.
Mein Bruder fand es sinnlos, seine geistig verwirrte Mutter zu besuchen. Und ich werfe mir vor, sie noch zu wenig besucht zu haben, aber versuchte es immerhin zwei bis drei mal die Woche zu schaffen.
Papa war zum Pflegefall geworden, brauchte Rundumbetreuung.
Mama sollte eine OP gemacht bekommen, eine künstliche Magensonde. Sie aß nicht mehr.
Ich hätte sie gerne in Frieden gehen lassen, aber bekam von Seiten des Pflegeheims bittere Vorwürfe, man könne einen Menschen nicht einfach verhungern lassen.
Also stimmten wir der OP zu.
Was mir viel für spätere Zeiten bedeutet hat war, dass Mama sich bei den Besuchen sehr von mir beruhigen ließ. Ich hatte den Draht zu ihr endlich gefunden!
Ich betete mit ihr und sie schlief dabei immer wieder friedlich ein. Der Wahnsinn wich zeitweilig von ihr. Oft zur Verwunderung des Personals, wie ich es schaffe, sie so zu

beruhigen?
Es muss eine Macht dahinter stecken, die stärker ist als das gesprochene Wort.
An einem meiner Besuchstage sagte sie ganz klar zu mir: „Jetzt brauchst du keine Angst mehr zu haben, es wird alles gut." Und das wiederholte sie drei mal, so klar und deutlich formuliert, sehr verwunderlich, da sie schon Monate nicht mehr zusammenhängend geredet hatte.

So kam der Tag, da Mama von uns ging.

Die OP war vorüber. Mama ging es sehr schlecht.
Sie krampfte unter heftigen Schmerzen, sodass man es kaum mitansehen konnte.
Ich saß da, verzweifelt, aber gleichzeitig unter Druck, weil Papa alleine zu Hause war, und schaue aus dem Fenster.
Und sehe, wie eine große Birke gewaltig hin und her schwingt. Aber es war doch gar kein Wind?
Komisches Phänomen, bis ich ganz oben in der Krone meinen Sohn entdecke, leichtsinnig wie eh und je!
Aber meine Nerven waren nicht dazu angetan, das alles hinzunehmen.

Da entstand das Gebet, Mama doch in den Himmel zu holen. Das Elend doch zu beenden.
Abends war sie am Ziel angekommen!
Man informierte uns lediglich mit einem Anruf.
Erst war ich sauer.
Sie starb ganz allein. Keiner war bei ihr!
Doch im Nachhinein denke ich, war es gut, denn ich hätte es wahrscheinlich nicht gepackt, zuzusehen!

Irgendwie war es glaube ich für Papa auch erleichternd, obwohl die Endgültigkeit neuen Schmerz bedeutete.

Je elender Papas Zustand wurde, desto ekliger wurde er zu mir. Heute denke ich, dass es auch furchtbar sein muss, die eigenen Kräfte bewusst schwinden zu sehen und sich völlig in die Hand anderer begeben zu müssen.
Nur, mir half es nichts. Ich war der Prellbock!
Papa regte sich auf, wenn meine Freunde das Haus betraten. Schrie, dass er sie nicht in seinem Haus sehen will!
Dass er sie nicht leiden kann!
Ich denke, Eifersucht und Verlustängste lösten diese Reaktionen aus. Immerhin hätte man mich ja zu seinem Nachteil beeinflussen können.

Damals war es meine einzige Abwechslung, im Garten zu arbeiten. Und es war eine Menge da zu tun, denn er fing an zu verwildern.
Dave half mir zu der Zeit sehr viel. Er grub das Kartoffelfeld um, hob ein großflächiges Loch aus und legte einen Teich dort an.
Und das damals im Februar, März. Mein Draußenkind!

Er baute ein Gewächshaus, mähte den Rasen, sodass die Nachbarn einstimmig sagten, was das doch für ein netter fleißiger Junge sei.
Ja, diesen Dave gab's.
Diesen Dave will ich wieder und hoffe immer noch darauf! Eines Tages!
Ging ich spazieren, da bearbeitete Papa den Dave, die Polizei zu rufen, mir wäre im Wald bestimmt etwas zugestoßen. In seiner eigenen Hilflosigkeit klammerte er sich wie ein

Ertrinkender an mich, aber nicht in Dankbarkeit, sondern mit enormem, zwanghaftem Klammern.
Kam ich dann zurück, schrie er: „Verrecken lässt Du mich hier, elendig verrecken!" Das behauptete er dann auch gelegentlich seinen Besuchern gegenüber.
Und ich hatte mittlerweile jegliches Eigenleben aufgegeben. Wenn zu mir niemand kam, dann sah ich nichts als dieses Elend!
Und wer kam schon gerne in so ein Haus.
Manchmal ertappte ich mich dabei, wie ich am liebsten mal den wenigen Besuchern oder der Krankengymnastin um den Hals gefallen wäre.
So sehr sehnte ich mich nach Menschen.

Sollte man meinen, des Elendes sei jetzt genug, fanden wir eines morgens einen Brief von meinem Bruder, indem er Papa bat, doch für seine Freundin und die Kinder zu sorgen. Das Haus war knapp ein Jahr alt, von Papas Geld gebaut, das zweite Würmchen grad geboren, da setzt mein Bruder sich nach Australien ab.
Er hielt das alles nicht mehr aus, und wollte sich jetzt einen Traum erfüllen. Er sagte uns Lebewohl in Form des Briefes, indem er alle Verantwortung von sich abschob und auf Andere wälzte.
Zur Freundin hatte er gesagt, er fahre einen Freund besuchen.
Diesen Schlag mussten wir alle irgendwie auch noch verarbeiten. Irgendwie.
Nur zwei Wochen später, wir waren alle im Garten versammelt, öffnet sich das Fenster des Hauses meines Bruders, er schaut hinaus und ruft uns freundlich zu: „Ich bin wieder da!"
Mein Sohn sprach aus, was wir alle dachten: „Den treibt

ebenfalls der Wahnsinn!“
Aber nicht nur ihn.
Wir standen irgendwie alle kurz davor.

Dave reagierte auf seine Weise.
Er hatte mittlerweile die Schule verlassen, auf der er nicht zurecht kam und grade neu und mutig an einer anderen begonnen, da erhielt ich die ersten Anrufe.
Oh, nein, nicht schon wieder von vorne!
Mittlerweile schreckte ich vor Elternabenden, Schulanrufen und Briefen so zurück, dass ich nichts mehr hören und sehen wollte.
So kam es, dass ich Dave als er heimkam ziemlich sauer empfing und schimpfte.
„Es hat ja alles sowieso keinen Sinn, dann kann ich ja gehen!“ verteidigte er sich und ich sage noch: „Dann geh doch!“
Stunden später fällt mir auf, dass ich ihn bereits seit längerer Zeit nicht gesehen noch gehört habe, nur um festzustellen, dass er nicht da ist.
Naja, abends beginne ich dann doch unruhig zu werden, bis ich irgendwann begann im Freundeskreis umher zu telefonieren.
Aber keine Spur.
Die nächste Entdeckung ließ meinen Atem stocken: Der Schlafsack war weg. Der Rucksack ebenfalls!
Ach du Scheiße! Das auch noch!
Papa mit seiner mittlerweile mehreren Schlaganfällen durfte davon nichts mitbekommen, das konnte seinen Tod bedeuten.
Mit Freunden suchten wir die Gegend ab.
Mit Taschenlampen durchstöberten wir den Wald.
Nachts stand ich immer wieder auf, um vors Haus zu laufen

und nach zu schauen. Nichts!
Den Weg zur Polizei scheute ich noch. Denn trotz allem hatte ich eine Ruhe in mir, die der Tatsache spottete.
Ich glaubte an den Schutz von oben!

Am nächsten Morgen blieb mir allerdings nichts anderes übrig, als die Polizei einzuschalten.
Dort auf dem Revier wurde ich dann erst einmal gründlich zur Schnecke gemacht, wie ich so verantwortungslos sein könne, erst jetzt zu kommen.
Ich war mir sicher, dass Dave im nahegelegenen Wald saß, zuerst aus Trotz, später, weil er sich nicht mehr zurück traute.
Aber die Polizisten sahen das anders.
Was, wenn er überfallen wurde? Missbraucht?
Was, wenn er sich was angetan hatte?
Mein inneres Wissen, dass dem nicht so ist, tröstete mich!
Doch ich konnte nicht verhindern, dass die Polizei mit der Suche bei uns im Haus begann und Papa somit eingeweiht werden musste.
Er blieb völlig reglos, betäubt auf diese Nachricht. Fast wie gestorben.
Lebendig tot. Beängstigend still!
Und ich musste eine Suchtour mit der Polizei starten. Sie suchten überall dort, wo ich nie glauben würde, dass Dave dort zu finden sei. Aber auf meine Bemerkungen reagierten sie ärgerlich.
Papa blieb alleine! Der arme Papa! Wie sah sein Leben mittlerweile aus.
Mittags setzten sie mich endlich Zuhause ab!
Stunden des untätigen Wartens folgten.
In der Schule verbreitete sich bereits die Hiobsbotschaft.

Daves Lehrer kam, um mich zu trösten.
So lieb wie es gemeint war, so sehr ging mir dieser dann auf die Nerven.
Es tat mir später leid.
Plötzlich hörten wir eine geballte Ladung von LKW-Motoren in unsrer ruhigen Wohngegend, die alle hier vor dem Haus stehen blieben: Fünf Löschzüge von den hiesigen Feuerwehren und etliche Polizeiwagen.

Naja, damit wurde alles öffentlich.

Mit Hundertschaften machten sie sich auf, den Wald zu durchstreifen.
Vorher informierten sie mich davon, dass bei einsetzender Dämmerung eine Großfahndung über die Medien erfolgen würde. Als dann auch noch ein Helikopter über dem Haus kreiste, begann ich mich wie in einem Actionfilm zu fühlen.

Unser Haus füllte sich mit Leuten, teilweise aus der Schule, manche kannte ich gar nicht.
Und Papa saß einsam und verlassen in seiner Stube, immer noch lebendig tot.

Durch die Wälder streiften die Feuerwehrleute und auf den Straßen und Plätzen versammelten sich die Menschen.
Ich verzog mich in mein Zimmer.
Schaute aus dem Fenster.
Als ich sah, wie mein Sohn wie ein Blitz aus dem Wald geschossen kam, schnurstracks auf unser Haus zueilte, die Treppe rauf und mir in die Arme fiel und rief: „Mama, Mama, bete mit mir!"
Und was für eine Not aus ihm heraussprudelte!

Der Gedanke, der ihn am meisten umtrieb, war der Gedanke, sein Opa könnte diese Aktion nicht überlebt haben.
Mittlerweile tauchte der Einsatzleiter ärgerlich bei mir auf und machte mir Vorwürfe, das Kind sei ja gar nicht weg gewesen, sondern im Haus verborgen.
Also bitte!
Aber Dave erklärte, dass die Suchmannschaft ihn übersehen habe und rechts und links an ihm vorbei marschierte.
Einer der Feuerwehrleute hatte sogar sein Funkgerät direkt vor Daves Füße fallen lassen.
Als der Hubschrauber kreiste, dämmerte Dave, dass sie ihn suchten und nutzte die erste Gelegenheit zum kontrollierten Rückzug.
Was musste ich dann anschließend für ein Spießrutenlaufen über mich ergehen lassen.
Jeder wusste, warum das geschehen war! Jeder wusste, was ich in der Erziehung alles falsch machte und jeder stand da so erhaben und überlegen mit guten Ratschlägen, dass ich laut hätte schreien können.

Solche Einsätze kosten viel Geld!
Schön war, dass wieder Freunde einsprangen und für mich eine ansehnliche Summe Geld sammelten. Und das waren nicht die, die vorher mit Worten austeilten.
Die Echten handelten anders!
Die Echten kannten auch die Zusammenhänge!
Ich hatte ein Bild von der Suchaktion gemalt, vervielfältigte es fünf mal, rahmte es und übergab jedem Löschzugführer je ein Exemplar, plus Geld.
Wie bewegend fand ich in der nächsten Woche, dass eben diese fünf Männer nacheinander ohne Absprache hier auftauchten, mir jedes Mal das Geld zurückgaben, weil sie es

nicht annehmen wollten und sich für das Bild bedankten. Jetzt wollte ich wiederum das Geld zurückgeben an die, die es mir übergeben hatten, aber sie wollten es auch nicht!

Von diesem Tag an änderte sich Papa!
Er begann uns zu lieben!
Er zeigte es uns!
Er wurde dankbar für uns! Wenn er nochmal quengelig wurde, sagte ich immer: „Du bist schlimmer als Ekel Alfred!"
Und dann konnte er auf einmal herzlich lachen.

Ab hier begann eine gute, von Zuneigung geprägte Zeit miteinander.
Wir fanden endlich zueinander!
Vielleicht zum ersten Mal überhaupt.

In diese Zeit fielen aber noch mehrere markante Ereignisse. Eines davon war, dass ich einen Sparvertrag ausgezahlt bekam und mir eine Ente, 2CV, davon kaufte. Eine wunderschöne, blaue, mit verzinktem Rahmen und Boden und einem silbernen Entenkopf auf der Motorhaube.
Papa gab mir sogar Geld dazu. Überhaupt, ich hatte plötzlich freie Kontoverfügung, Papa übergab mir alle Vollmachten!

An dem Tag, als das Auto zum TÜV musste – die Frau des Verkäufers erledigte dies freundlicherweise für mich – bekomme ich einen Anruf von einer Freundin: „Dorothy, ist dir nichts passiert? Das sieht so schlimm aus!"
Ich frage: „Was denn?"
Da steht mein Auto völlig zertrümmert in einer Kurve. Totalschaden!

Die Fahrerin mit einer gebrochenen Rippe im Herzen steckend in der Klinik und der Verkäufer für solche Fälle nicht versichert.
Wir haben uns bei der Finanzierung der nächsten Ente dann auf halb und halb geeinigt!
Die Frau wurde zum Glück wieder völlig gesund.

Ich brach mir den Mittelhandknochen. Im Krankenhaus bat ich um einen geteilten Gips, weil ich ja Papa versorgen und ihn vom Bett in den Toilettenstuhl oder Sessel heben musste.
Sie gingen auf diesen Wunsch ein. So konnte ich den Gips bei Bedarf an- und abnehmen. Es entzündete sich, doch heilte wieder gut zusammen.
Etwa zur gleichen Zeit stieß ich mir noch ein Yucca Palmblatt durchs Auge, eine langwierige und schmerzhafte Geschichte und die Ärztin sagte, ich hätte großes Glück gehabt, dass keine Flüssigkeit ausgetreten war, denn die Hornhaut war durchbohrt.
Eine Freundin sagte prompt: „Das ist ja langsam schlimmer als bei Hiob!"

Was Papa wohl an einem der folgenden Samstage bewegte, als er unvermittelt von mir verlangte, dass ich einen Notar ins Haus holen sollte?
Jedenfalls wollte ich der Aufforderung nicht nachkommen, da ja Wochenende war, aber Papa lehnte sich entschieden auf mit den Worten: „Am Montag gibt es mich nicht mehr."
So blieb mir nichts anderes übrig, als den Notar kommen zu lassen. Es war mein Scheidungsanwalt. Und er kam gerne.
Was Papa dann diesem Mann offenbarte, über die gewaltige Enttäuschung, die er von seinem Sohn erlitten hatte, über

die gewaltige Summe Geldes, die er dem James schon hatte zukommen lassen und zwar so, dass es nicht nachzuweisen war. Und über seinen Wunsch, jetzt eine Lösung zu finden, damit ich abgesichert sei.

Papa war montags immer noch!
Und er lebte psychisch zusehends auf, denn eine große Last war von ihm genommen, nämlich, das Wissen, dass wenn er gehen würde, ich meinen zustehenden Teil erhalte, was ohne diesen Schritt nicht geschehen wäre, da ja die bereits geflossenen Mittel nur zu einem kleinen Teil hätten belegt werden können.
So fiel mir das Haus zu, etwas Bargeld und den fünf Enkelkindern je eine gewisse Summe.

Danach blieben die Besuche von James und seiner Freundin fast ganz aus.

Keine zwei Monate später erlitt Papa seinen schlimmsten Schlaganfall, der ihn völlig lähmte. So, dass er nicht in der Lage war, auch noch die kleinste Bewegung zu machen, nicht einmal die Schluckbewegung und konnte seitdem auch nicht mehr sprechen.
Durch leichtes Nicken signalisierte er, dass er trotz alledem eine Magensonde zur künstlichen Ernährung wünschte. Dafür musste eine kleine OP gemacht werden.
Er wollte noch leben!
Und er lebte noch mehr als ein halbes Jahr.

Er musste Tag und Nacht gewendet werden. Er war völlig hilflos, mir völlig ausgeliefert. Trotz allem wurde es zwischen uns eine innige Zeit, letztendlich eine, die ich nicht gehabt

haben wollte.
Manchmal las ich ihm Mut machende Worte aus der Bibel vor. Das tat ihm gut. Das merkte ich.
Aber sein Zustand war oft so zu Herzen gehend erbärmlich und meine Kräfte schwanden auch von Tag zu Tag, sodass meine Migränebeschwerden den absoluten Höchststand erreichten und ich auch immer öfter die Nerven verlor und die ganze Quälerei fast nicht mehr ertragen konnte. Wenn ich Nachts bis zu fünf mal nach unten geschellt wurde, geschah es auch, dass ich ihn anschrie: „Warum…!"
So unausgeschlafen wie ich zum Schluss war, fiel ich die Treppe hinab.
In diesem schrecklichen Zwiespalt, helfen zu wollen und sich nach Ruhe und Erleichterung zu sehnen, betete ich eines Abends an Papas Bett, dass Gott doch den Papa Heim holen sollte, sowie den armen Lazarus, von Engeln getragen in eine bessere Heimat ohne Leid und Schmerz.
Dann erlebte ich etwas, was ich für den Rest meines Lebens nicht mehr vergessen werde: Papa drehte seinen Kopf zu mir – eine Bewegung die er schon seit Monaten nicht mehr tun konnte – schaute mich mit einem Blick an, der all seine Liebe, Zuneigung und Dankbarkeit zu mir ausdrückte – mehr noch, so überirdisch mutete es an – atmete noch drei mal und … ging!
Es war wie von Gott abgeholt!
Er muss es auch empfunden haben, denn sein Blick war nicht mehr von dieser Welt. Er starb abends und blieb über Nacht im Haus liegen. Und es war gar nicht befremdlich. Die toten Körper werden so wächsern. Ich empfand es genau so, wie es meiner Meinung auch ist: das Leben entweicht und eine Hülle bleibt zurück.

Kapitel 8

Und da waren's nur noch zwei

Man fühlt sich tatsächlich elternlos, auch als erwachsenes Kind. Ins Wasser geworfen, um alleine zu schwimmen, obwohl man ja die Verantwortung schon lange trug.
Es ist ein Phänomen, das im Bewusstsein abläuft.

Und Schmerz.
Der wird allerdings gemildert angesichts der Tatsache: Es ist gut!

So wurde unser Leben ein wenig leichter.
Meine Kopfschmerzen verschwanden, um bis jetzt nicht mehr wiederzukehren. Das war für mich wie eine Erlösung von einem Dorn!

Dave machte seine Mittlere Reife, zwar mit Ach und Krach, aber immerhin.
Und, was noch schöner war, er bekam eine Lehrstelle als Werkzeugmechaniker.
Er war sogar recht pfiffig, denn wenn man irgendwelche neuen Ideen brauchte, rief man ihn.
Eine kleine Erfindung zur Erleichterung eines firmeninternen Ablaufes war aus seinem Hirn entsprungen.
Aber es fiel ihm nichts in den Schoß. Meine geheime Sorge stellte sich letztendlich als nicht unbegründet heraus.

Sein großer Wunsch, den Segelflugschein machen zu dürfen, ging in Erfüllung.
So fuhr er an Samstagen gemeinsam mit seinem Freund Tobi mit dem Rad zum Flugplatz.
Dort waren sie gut aufgehoben. Eine solide Atmosphäre der Geselligkeit, gepaart mit durchzuführenden Aufgaben und eben der großen Faszination Fliegen!
Abends saßen sie an ihren PCs vor den Flugsimulatoren, oder am Lagerfeuer und unternahmen gelegentlich etwas zusammen.
Wie stolz waren wir beide, als Dave seinen ersten Alleinflug machen durfte und die Feuertaufe über sich ergehen ließ.
Wenn ein Segler übers Haus kreiste und mit den Flügeln wackelte, wusste ich, es war ein Gruß an mich!
Es erfüllte mich mit Stolz!

Aber das rebellische Wesen meines Sohnes zollte seinen Tribut.
Der solide Wirkungskreis Flugplatz verlor auf Dave seinen Reiz. Und seine nervige Art führte immer wieder zu Konfrontationen mit den Anderen.
Dazu kam gesteigerter Konsum von Alkohol.

Die Ausbildung wurde ebenfalls mühsam für ihn. Er war zu faul und ohne lernen ging es einfach nicht.
Dazu kam seine zu lockere Einstellung Autoritäten gegenüber.
Aus Ermahnungen wurden Abmahnungen und die Konflikte wiederum weckten in Dave einen enormen Widerspruchsgeist und riefen Auflehnung hervor, die man schon als irren „Mut" bezeichnen könnte, ohne Rücksicht auf jegliche Konsequenzen.

Aus der Berufsschule gingen Beschwerden ein und unter den Lehrlingen sorgte Dave für Tumulte.
Versuche, ihm gut zuzureden, scheiterten ebenso, wie gesetzte Stopps.

Die Ausbildung geriet ins Wanken.
Alles schwelte erst mehr oder weniger unter der Oberfläche, quoll nur hier und da hervor.

Doch die gewaltige Explosion sollte folgen, und zwar derart, dass ich vor Fassungslosigkeit nicht glauben konnte, was ich sah und hörte.

Ich hatte nie wirklich begriffen, was er alles in seinem jungen Leben wegzustecken hatte.
Die Großeltern waren für ihn wie Miteltern. Er sah sie bis dato täglich!
Welchen Verlust hatte er erlitten!
Und ich? Ich kapierte es nicht. All seine „Hilferufe“!
Ich sah nur Rebellion.
Wo war ich, als du mich brauchtest!
Es tut mir soo leid!

Teil 2

Kapitel 1

Kreislauf des Irrsinns

Fünf Jahre sollten vergehen, bis ich mich einigermaßen in der Lage fühlte, die folgenden Gedanken, Geschehnisse und Wirrnisse nur annähernd kontrolliert hier festhalten zu können.

Und ich weiß immer noch nicht, wie ich beginnen soll. Vielleicht mit mir, meiner Verzweiflung, meinem Absturz, meiner Verwirrung und letztendlich meinem Sturz in Depressionen, durch Selbstverklagung und Selbsthass.

Tja, es ist wie bei einem großen Fass: Jeder Tropfen wird aufgenommen. All die Tropfen der Wermut sammeln sich. Man merkt es nicht.
Man spürt zwar Schmerz auf jeder Lebensetappe. Es zwickt hier und da, Durststrecken, Verzweiflungsstrecken… all das kennen wir alle.

Aber dann, ganz schleichend, ist das Maß voll. Das Becken läuft über. Man begreift erst nicht, was geschieht. Aber man ist verfolgt von dumpfem Schmerz. Die trübe, bedrohliche Wolke, die sonst gelegentlich und zeitbegrenzt über einem stand, sie verschwindet nicht mehr.
Sie bleibt der ständige Begleiter.
Sie trägt dich ins Bett und sie lächelt dich hämisch am Morgen an.

Der Tag beginnt mit einem Schrecken und endet mit eben demselben.
Das ist gerade das Schlimme daran. Man sieht die Sonne nicht mehr, auch wenn sie scheint. Man erkennt das Gute, was auch vorhanden ist, nicht mehr. Der Blick ist verhangen. Das schwarze Tuch liegt darüber.
Man möchte sich ja freuen, man möchte ja dankbar sein, man will ja objektiv bleiben, man sagt sich ja selbst, dass es vielen viel schlimmer geht…
Und doch, es nützt nichts.
Überhaupt nichts!
Kein positives Denken, kein Gebet, kein gutes Zureden! Und was das gute Zureden betrifft: Undankbare Äußerungen werden einem verübelt, angekreidet. Die will keiner hören. Besonders in christlichen Kreisen wird versucht, die Ursache des Zustandes irgendwelcher Unterlassungssünden zuzuordnen, wie bei mir hauptsächlich die Worte: nicht bereit, ungehorsam, rebellisch, widerspenstig. So abgestempelt, bleibt nur der Rückzug von den Menschen, die diese Not weder haben, noch kennen.

Bei mir kam es letztendlich dahin, dass ein aufbrechender Hass gegen die „tollen Institutionen“ zu Tage trat, die den Glauben an einen gütigen Gott zwar bekennen, diesen allerdings mit einer verdeckten Gewalt von den Mitmenschen einfordern. Oder die Verzweifelten bei vermeintlicher Uneinsichtigkeit, als nicht bereit und unwillig abstempeln.

Für mich war es schlimm genug, dass ich mir die Schuld an Daves Niedergang gab und das gerade deshalb, weil ich selbst jahrelang mit ihm zu solch einer gesetzlichen Gemeinde gegangen bin, die unsinnigsten Gesetze und

Gebote eingehalten habe, in der eingeimpften Meinung, dass Gott uns sonst seine Gnade, seinen Schutz entzieht.
Ich habe mich ihrer Kleiderordnung gefügt, geglaubt, dass ich als geschiedene Frau nie mehr heiraten dürfte.
Dabei nette, gute Männer stehen lassen, die ich zum Glück nicht liebte, aber vielleicht auch deshalb nicht, weil ich sie nicht lieben durfte, denn das wäre „in den Augen Gottes Sünde gewesen".
Abgesondert von dem Rest der Welt und abgesondert von den „lauen Christen" lebten wir etliche Jahre dahin.
Ich muss allerdings sagen, dass wir eine Zeit lang aneinander genug hatten. Eine schöne Gemeinschaft. Vertrauen. Aber im Laufe der Jahre ödete man sich auch an, wurde sich überdrüssig; Entstand Neid über die Freiheit anderer Christen, zu denen wir ohne negative Konsequenzen keine Kontakte haben durften. Und als uns dann die Augen aufgingen, worin wir steckten, da brach alles auseinander.
Habe ich somit Dave kaputt erzogen? Durch Kontrolle, Ge- und Verbote… du darfst und du darfst nicht? Ich muss mir heute den gerechtfertigten Vorwurf sagen lassen: „Du hast mich in soziale Isolation getrieben."
Doch ich frage mich ebenso, ob ich damals nicht eine gewisse Umzäunung brauchte, in der ich mich bewegte.
Ob es nicht auch Schutz bedeutete.
Ob ich da jemals Antworten finde?
Und wäre Dave anders geworden, wenn… ? Mittlerweile habe ich es aufgegeben, darüber nachzugrübeln.
Damals dachte ich etwas zu wissen und handelte aus Überzeugung. Heute weiß ich nicht mehr eine Antwort!
Wie konnte ich mich derart von Menschen beeinflussen lassen?

Und doch weiß ich, dass viele dieser Menschen ebenso gefangen waren und ihre Motive echt. Sie waren echte Freunde, teils bis heute!
Eines bleibt: Die liebsten Menschen, die ich auf dieser Welt kenne, sind Christen, solche, die mit ihrem Gewissen vor Gott stehen!

Man kann jede Handlung mit einer passenden Bibelstelle einfordern, den Buchstaben zum Gesetz werden lassen. Eine falsch verstandene Religiosität stellt sich dem lebendigen Wort Gottes in den Weg und tötet!
„Die reine Lehre", man glaubte sie zu haben.
Ich schäme mich!
Und daraus entspringt schon mein nächstes Problem: Wieso schaut Gott zu? Wo bleibt seine Liebe? Wo seine Gnade?
Natürlich, Er starb für uns! Ich weiß!
Aber das hilft mir in dem Moment nicht. Das ist global. Für alle!
Ich brauche etwas für mich! Persönlich! Ein Liebeshauch von oben. Wo bleibt er?
Überlässt Er uns hier unten weitgehend uns selbst?
Wenn ich dann höre, wie Er anderen hilft, kommt sogar Neid in mir hoch. Wo bleibe ich?
Und wenn ich von anderen Nöten höre, dann denke ich: Gott, wo bist Du?
Ich kann mich nicht selbst ändern. Ich bin ohnmächtig gegen meine eigenen Emotionen. Da ist kein Wollen mehr vorhanden!
Da stehen Aufruhr, Unverständnis,Verzweiflung!
Und man kann nichts, aber auch gar nichts dagegen tun. Man ist sein eigenes Hindernis. Seine eigene Blockade. Wird zu seinem eigenen Feind. Beginnt sich selbst zu hassen.

Aber komischerweise parallel auch eine Selbstschutzliebe zu entwickeln.
Bei mir kam die Frage hinzu, wozu ich überhaupt noch einen guten, moralischen Weg gehen sollte. Was bringt's? Dazu die verschrobene religiöse Sichtweise, dass so vieles als böse gesehen wurde: Die Welt an sich, die Ungläubigen, deren Musik, deren Kleidung, deren Lebenswandel, allein schon der Kontakt zu solchen.
Ich wusste nicht mehr, wo ich überhaupt hingehöre.
Nicht Fisch und nicht Vogel. Was richtig, was falsch?
Ohne Familie! Schlimm genug, verloren zu haben, was ich am meisten liebte: Meinen Sohn!
Und plötzlich auch ohne die Bindung des alten Freundeskreises.

Wüste! Aber eine kleine Oase. Mein Haus, mein Garten.

Und wenn ich ganz verzweifelt bin, lese ich in den Psalmen: „...eines Tages wirst du mich wieder loben."
Ich glaub's nicht mehr, aber ich muss zugeben, dass die Hoffnung mich nie wirklich verließ.
Und ebenso spüre ich eine Durchhilfe im Alltag.
Aber alles so auf Sparflamme, gerade so, um das Leben irgendwie zu ertragen.
Jetzt bin ich in einem Stadium des Ausharrens.
Einfach still halten, warten, stillhalten, warten.
Es ist eine Art Ruhe eingekehrt. Wie ein Waffenstillstand. Oder ein Niemandsland. Ohne großen Sinn und Zweck. Lustlos, step by step.
Aber ich weiß, dass es einen Punkt geben wird, wo ich es nicht mehr aushalte.
Ich will leben! Ich will lachen! Ich will nicht weiter so ein-

sam ohne jegliche Familie dahinvegetieren.
Es kann doch nicht angehen, dass ich nur dazu gut sein soll, mich selbst zu ernähren und dazu einen so großen Aufwand zu betreiben? Nur damit ich ein Dach über dem Kopf habe und genug zu essen und mir nicht gerade mit Zeitungspapier den Hintern abputzen muss?
Das kann es nicht sein!
Klar könnte ich Aktion machen: Malen, eine Ausstellung, hat man mir öfter angeboten. Dazu braucht man Muse, die hatte ich nicht.
Und sowieso? Wozu?
Für Andere da sein? Dienen? Das hab ich in meinem „ersten" Leben getan.
Auch dienen muss passen!
Ich hatte nichts mehr zu geben.
Ich war doch so leer! So tot!
Mir ist klar, dass ich den Weg nicht *machen* kann. Denn es muss der Weg sein, in dem ich *zuhause* bin. Nicht tun sondern sein!
Ich könnte mir einen Mann suchen?
Auch das habe ich probiert. Und mit welchem Ergebnis …
Letztendlich wurde es gerade zu dem Tropfen, der das Maß zum Überschwappen brachte und zum Auslöser einer Verzweiflungskette diente, einem Kreislauf des Irrsinns.
Klar, für andere da sein! Christlich! So wird's gepredigt.
Und wie viele kaputte Menschen wie ich selbst, habe ich in den letzten Jahren getroffen. Und wie viele Probleme hab ich zu den eigenen geschluckt.
So christlich, dass ich merkte, wenn ich nicht vollends untergehen will, muss ich stoppen.
Nein sagen! Mich sperren!
Also, noch mehr Isolation!

Nicht nur, dass das Fass übergelaufen war, sondern auch mein Mülleimer quoll über.

Die Schwachen halten sich zu den Schwachen; ertragen sie allerdings nicht wirklich, stoßen sie ebenso von sich, wie sie sich von den Starken zurückziehen – unverstanden oder gar abgelehnt!
Ein Kreislauf der Isolation.

Kapitel 2

Verzweiflung... Tröster... Sucht...

Ich will versuchen, den Weg bis hierher aufzuzeigen, der Reihe nach und schonungslos.

Dafür muss ich erst einmal zurück zu Dave.

Heute frage ich mich: Trug er die gleiche Verzweiflung in sich? Wahrscheinlich!

Dazu die Suchtveranlagung, die sein Vater und ich ihm mitgaben! Klasse!

Gott sagt: Wunderbar hab ich dich bereitet im Mutterleib...

Volltreffer, ein doppelt mit Scheißgenen belastetes Kind in schwierigen Umständen!

Verlust von den geliebten Großeltern, aber nicht plötzlich, nein erst das Elend bis zum bitteren Ende anschauen!

Gefangen in einer überspitzten religiösen Welt!

Außenseiter unter den Kameraden!

Dazu eine Mutter, die das Problem erst erkannte, als es schon zu spät war!

Dafür hasse ich mich und die religiösen Führer, denen ich mich und mein Kind anvertraute, unterwandert mit der Bibelstelle: „Gehorche deinen Führern."

Ich kann mich nicht *fassen*! Und ich kann es nicht fassen.

Das Ausmaß von Gehirnwäsche!

Und Gott, wo warst Du?

Wenn ich das so hier schreibe, meldet sich wieder mein Radikalismus, denn ich merke, wie es noch in mir brodelt!

Jetzt noch.

Und ich lasse offen, ob ich das alles zu überspitzt sehe. Ich wollte es gut machen. Ich wollte Gott gefallen, gehorchen. Und Er hat zugeschaut, wie uns alles zerbrach, in den Fingern zerrann.
Im besten Falle wünsche ich mir, dass es einfach für Dave und mich eine Zubereitungszeit war und wir eines Tages wissen werden, wofür dieser Weg sein musste.

Es gab immer mehr Probleme mit Dave.
Auf dem Flugplatz. Er konnte sich nicht mehr einordnen. Sein Alkoholkonsum stieg.
Auf der Arbeit. Er war kaum noch aus dem Bett zu kriegen. Mürrisch, aggressiv und unglücklich.

Jeden Morgen tobte der Kampf.
Ich versuchte jegliche Konfrontation zu vermeiden. Denn wehe, ich reizte ihn zu viel und dazu gehörte auch, wenn das Essen nicht nach seinen Wünschen war, wenn die Verbote ihm zu krass waren, oder wenn ich von ihm Mithilfe erwartete.
Je nachdem explodierte er in völlig unkontrollierten Reaktionen, sodass ich um Wohnungseinrichtung, Türen oder mich selbst bangen musste.
Einmal trat er eine Tür samt Rahmen aus der Wand, sodass das bloße Mauerwerk sichtbar wurde.
Wie viele Löcher habe ich in den Türen zuspachteln müssen. Doch zum Glück flogen meist nur Gegenstände.
Aber ich hatte mittlerweile Angst vor ihm. Denn ich wusste, in dem Augenblick, in dem er mich schlägt, zerbricht etwas in mir.
Es ist nie wirklich geschehen. Er war stärker als ich und hielt mich nur fest im Griff, dass ich hilflos war.

Das, was ich mit ihm zu erleben begann, hatte ich bereits einmal verblüffend ähnlich erlebt: Mit seinem Vater.
Es wiederholte sich buchstäblich. Ich kannte das alles. Es lebte in seinem Sohn weiter.
Er begann sich mit der rechtsradikalen Szene hier im Ort zu verbinden.
An Wochenenden kam er immer öfter betrunken im Morgengrauen heim und pennte tagsüber seinen Rausch aus. Das kannte ich von mir.
Das war ich von seinem Vater gewohnt.
Ich wollte es stoppen. Unterbinden. Wollte, dass er wieder seine Zeit auf dem Flugplatz verbringt.
Ich griff zu Drohungen. Ändern oder Ausziehen!
Nur, leere Drohungen sind lächerlich. Und nach einiger Zeit beschloss ich das berühmte Entweder-oder. Entweder du fängst dich wieder ein, oder du gehst.
Ich setzte einen Stichtag! Packte ihm den Koffer! Holte mir Freunde zur Verstärkung, in der Hoffnung, ein vernünftiges Gespräch angesichts der stehenden Konsequenz würde Dave zur Besinnung bringen. So eine Art Stoppschild unter Druck!
Aber der Schuss ging nach hinten los!
Dave rief einen Kumpel an, heute Gründer der PDF hier im Ort: „Kannst mich holen, es ist soweit!"
Nimmt seine Tasche, dreht sich um und verlässt Haus und Heimat!
Das wurde für mich bis heute der schlimmste Tag meines Lebens: Ich hatte mein Kind rausgeschmissen!
Mein da draußen noch lange nicht lebensfähiges Kind!
Was habe ich getan! Das, was ich am meisten liebte, je geliebt habe, verlässt mich mit hasserfülltem, vernichtendem Blick, doch dahinter steckte die große Verzweiflung. Welch Drama!

Hätte ich doch nur… aber ich hab nicht! Gleichzeitig weiß ich auch, dass wir nicht weiter so zusammen leben konnten. Wir waren beide mit uns am Ende.
Die Firma, bei der er arbeitete, setzte sich anschließend sehr für ihn ein. Sie besorgte ihm eine Wohnung mit der Auflage, dass er über seine Schritte ein gewisses Maß an Rechenschaft ablegen musste.
Er hatte von seinem Opa eine ansehnliche Geldsumme geerbt, ungewöhnlich hoch für normale Verhältnisse. Dieses Sparbuch musste ich ihm an seinem 18. Geburtstag aushändigen. Das verwaltete jetzt die Firma mit.
Hier schaltete sich nun mein „großmütiger" Bruder ein.
Der gute Onkel, der dem armen Jungen von der bösen Mutter, unter die Arme greift.
Zumindest weiß ich, dass er sich Geld von Dave lieh, das er ihm bis heute schuldet.
Er, der mit dazu beitrug, seine zwei Familien zu ruinieren, der kaum Kontakt zu seinen eigenen Kindern hat, weil sie es nicht wollen.
Er, der zwischenzeitlich sein Geld damit verdiente, dass er als Callman arbeitete.
Er wollte nun mein Richter spielen!
Mittlerweile hatte er eine neue Freundin, Pharmareferentin. Eine mir fremde Person. Diese griff mich öffentlich in einem Wartezimmer einer Arztpraxis an, indem sie mich lauthals zur Rede stellte. Sie habe gehört, dass ich die Polizei auf mein eigenes Kind gehetzt habe. Ich war so perplex, dass ich nicht mal in der Lage war, mich zu verteidigen. Mir kamen die Tränen und ich rannte aus dem Raum. War es mein Bruder oder mein Sohn? Wer setzte dieses Gerücht in die Welt?
Ein anderes Mal griff sie mich am Postschalter vor versammelter Menge an, indem sie ganz ohne Vorwarnung

ausposaunte: „Du bist menschenverachtend, so menschenverachtend. Du verachtest die Menschen." Ich hatte mich lediglich geweigert, den Kontakt zu meinem Bruder wieder aufzunehmen! Ganz zu schweigen von einem Anruf ihrerseits, dass ich meinen armen Bruder um sein Erbe betrogen habe.
Woher hatte sie diese Impfung?

Dave besuchte seinen Arbeitsplatz nur noch sporadisch. Er wurde so auf Dauer nicht tragbar. Obwohl die Firma ihn nicht leichtfertig abstieß. Versuche durch gutes Zureden scheiterten ebenso, wie gesetzte Stopps.
Einmal erhielt Dave eine Abmahnung, weil er einen Anderen von oben bis unter mit dem Ölkännchen bespritzte. Und prompt machte er es tags darauf wieder.
Ich weiß von zwei Situationen, wo er seinen Rausch im Firmenkeller einfach ausschlief.
Ich weiß, es waren alles Hilferufe.
Das Schlimme war, keiner, nicht einer, war der Situation wirklich gewachsen, recht damit umzugehen, oder zu irgend einem sinnvollen Ziel zu gelangen.
So wie meine Eltern an mir scheiterten, weil ich für sie ein Buch mit sieben Siegeln war, so blieb Dave für seine Umwelt ebenfalls ein unlösbares Rätsel.

Diese Firma hielt sogar noch zu ihm, als er sich in eine Serie von acht Einbrüchen verwickelte.
Ich erfuhr auf meiner Arbeitsstelle davon, als meine Kolleginnen sich darüber unterhielten. Ein Mädchen und ein Junge hatten eine Schaltzentrale der Bahn verwüstet und so lahmgelegt, dass keine Züge mehr fahren konnten. Laptops hatten sie mitgehen lassen. Das Mädchen war bekannt, aber

ein gewisser Dave S…, ob den jemand kenne?
Da ich einen anderen Nachnamen habe als Dave, brachten sie ihn nicht mit mir in Verbindung. Aber ich wurde ganz bleich und noch mehr, als ich das ganze Ausmaß aller Einbrüche dann erfuhr. Die Kripo wagte nicht, es mir zu sagen und wandte sich an die Firma. Diese schickte einen mir befreundeten Mann, um mir alles schonend beizubringen.

Dave ging weg in die Stadt. Ich verlor ihn aus den Augen. Er hatte jetzt Kontakt zu seinem Vater, und ich vermute, mittlerweile schon mehr Drogenerfahrung als ich annahm. Ahnung war schon da, aber ich beließ es im Glauben beim Kiffen.
Ich erhielt Informationen über Waffenschmuggel aus Polen mit verbotenen Softairs, woran er beteiligt war und wusste, dass er Waffen mit sich herum trug, sogar einmal in der Berufsschule.

In diesem Jahr starb unsere Katze. Daves Katze. Dieses anhängliche Kuscheltier, das mir noch geblieben war.
15 Jahre gab es sie. Treu und immer da.
Das war für mich wie ein völlig überflüssiges Symbol des Verlustes meines bisherigen Lebens.
Alles weg!

Zurück blieb ich mit einem Sack voller Schuldgefühle.
Schuld! Schuld! Schuld!
Du bist schuld, dass das aus Deinem Kind wurde!
Diese Gedanken jagten mich in die Verzweiflung!
Brachten mich an den Rande des Wahnsinns!
Dazu die fürchterliche Angst und Sorge um Dave selbst.
Er hatte in einem halben Jahr das ganze Geld verprasst und

hing irgendwo in der Großstadt, das Landkind. Ich wusste nichts.
Aber dann kamen ja noch die Anklagen von außen: Wie konntest Du! Wie kann man nur sein eigenes Kind vor die Tür setzen?
Was bist du für eine Mutter?
Ich ging durchs Dorf und hatte manchmal die Paranoia, dass man Steine nach mir wirft, wie eine Art Wahnvorstellung.
Dazu kam, dass ich meiner Arbeit in der Apotheke als Apothekenbote nachgehen musste. Es gab keine Auszeit für mich. Nicht einen Tag.
Wenn ich Jungs in Daves Alter sah, kamen mir immer die Tränen.
Wenn mich Menschen ansprachen, flossen sie.
Ich fuhr in fremde Orte zum Einkaufen, weil ich nicht angesprochen werden wollte.
Und wie oft sah ich Dave irgendwo stehen, gehen… man sieht in jedem ähnlich aussehenden Jungen das eigene Kind.
Und einmal sah ich ihn wirklich!
Ich fuhr an ihm vorbei. Wir starrten uns an. Es war entsetzlich.
Ich habe nicht angehalten. Ich konnte es nicht. Ich war überfordert mit der Situation und fuhr vorbei.

Das Geld, das ich in der Apotheke verdiente, reichte nicht aus.
Ich hatte das Haus, in dem ich alleine lebte.
So entstand der Gedanke an die Zimmervermietung.
Welch kostbare Idee, zu der mir eine Freundin Mut machte.
Gäste im Haus, das würde ablenken. Es gab einen gewissen Sinn. Und es hielt mich auf Trab, dafür zu sorgen, dass alles in Ordnung gehalten wurde.

Es war ein Wind, ein Auftrieb, eine frische Brise.
Und die Gäste fühlten sich wohl!
Es war wie, wenn sie persönlich von irgendwoher ausgesucht würden, denn sie passten zu mir und sie kamen in Menge und Häufigkeit, wie ich das Geld nötig hatte.

Das alles lenkte mich sehr von meinem Schmerz ab.
Das war die Zeit, bevor der Stumpfsinn kam. Der ist noch schlimmer, als der akute Schmerz. Denn es ist ein Leid, was keine direkte Berechtigung hat und auf Unverständnis und Kritik stößt.
Ich hatte es ja gut. Mein Leben verlief in ruhigen Bahnen. Kein Streit, kein Stress, ein kleines Paradies, wie es viele nannten. Und unzufrieden? Unverschämt!

Aber ich war allein!
Klar hatte ich Freundinnen. Aber sie lebten in und für ihre eigenen Familien. Das Gefühl das fünfte Rad am Wagen zu sein, war zu frustrierend.
Sie gaben mir dieses nicht. Ich hatte es einfach!
Natürlich war da auch ein gewisser Kontakt zu den Gästen, aber gerade das zeigte mir auch, dass ich nicht dazugehöre. Sie gingen. Ich blieb.

Weihnachten stand vor der Türe.
Weihnachten allein zu Haus. Unmöglich!
Wochen vorher begann mich dieser Gedanke zu quälen, bis ich am Weihnachtsmorgen meinen Koffer packte und mit dem Zug einer Einladung zu Freunden an einen schönen See folgte.
Zu einer Familie, der selbst eine sehr große Not bevorstand.
Mit meinem Rollkoffer ging ich einsam den Weg zum

Bahnhof.
In meinem Herzen eben dieses krasse Empfinden.
Im Zug reicht mir eine Mitfahrerin einen Zettel.
Darauf stand: Nie mehr einsam. Jesus lebt!
Ich empfand das aber nur noch als makaber.
Manchmal, wenn ich Zuhause saß, konnte ich meinen Zustand einfach nicht mehr aushalten. Es war, als würde jeden Moment die Decke auf mich niederstürzen.
Um mit dieser Verfassung fertig zu werden, begann ich mir langsam aber sicher Tröster zu verschaffen.
Der erste war der Alkohol.
Langsam aber stetig begann er mich zu erobern, wie man eine Geliebte umwirbt. Er versprach Erleichterung. Und gab sie auch.
In Gesellschaft schenkte er mir das Lachen und später ebnete er mir sogar den Weg in die Arme von Männern. Ich suchte in dieser Zeit nur noch lose Kontakte. Ließ niemanden mehr in irgendeiner Weise verbindlich an mich heran.
Selbst gute Freundinnen verlor ich, oder die Verhältnisse zueinander sortierten sich neu.
Wer verstand mich denn noch?
Ich ja selber nicht mehr!

Jetzt gesellte sich die Furcht hinzu. Da bleibst Du drauf hängen. Jetzt wirst Du wieder liederlich!
Manchmal ging ich zu einem Freund. Er war mir wirklich zu einem echten Kameraden geworden. Er hörte mir zu. Wir tranken zusammen, wir tanzten zusammen und wir schliefen zusammen. Ich liebte ihn nicht.
Er hatte Angst vor einer Beziehung.
Er war zwölf Jahre jünger als ich und hatte eine traurige, gescheiterte Beziehung hinter sich.

Wir wurden uns zu Tröstern.
Wir verloren uns gelegentlich ineinander.
Wir waren im Grunde beide einsam.
Doch jedes Mal danach fühlte ich mich scheiße.
Ich wollte nicht einfach just for fun Sex haben. Ich fand das beschissen und machte es doch.
Dann erlebte ich selbst in seinen Armen einen Zusammenbruch. Die ganze Verzweiflung über das verpfuschte Dasein brach aus mir heraus. Das hatte er nicht geahnt, nicht gewollt. Und wir beschlossen, so nicht weiter zu machen.

Solche Dinge „passierten" mir auch mit zwei weiteren Männern. Und jedes Mal hatte ich so schreckliche Kämpfe und Ängste, dass ich zu dem Schluss gelangte, nur noch mit dem Mann zu schlafen, den ich lieben würde.
So war ich es ja vom Christentum sowieso gelehrt und so hatte ich ja auch über 20 Jahre gelebt. Und im Grunde bejahte ich es auch!
Ich finde tatsächlich diese freie Moral zerstörerisch!
Ich merkte, wie der Alkohol immer mehr Bestandteil meines Lebens wurde. Das machte mir Angst.
Ich hab in dieser Zeit viel gebetet. Und eigentlich hätte der Gott so mancher christlichen Institution mich fallen lassen müssen. Trunkenheit, Hurerei, ... das sind Sünden, die niemals geduldet werden können.
Tatsächlich schob man meinen Zustand auf meinen Lebenswandel zurück.
Man kam nie auf den Gedanken, dass meine Lebensumstände mich in diesen Zustand trieben.
Manche sagten mir die Hölle voraus. Andere brachen den Kontakt ab. Und ich weiß noch wie heute, als ich einer Freundin zum Abschied sagte: „Wenn mir auf dem Weg,

auf dem ich jetzt gehe, Gott begegnet oder mich gar begleitet, habe ich einen Gott gefunden, den ihr alle nicht kennt."
Und damit trennten wir uns.
Aber ich wollte nur noch die tatsächliche Dorothy leben, mit all dem Guten und Bösen, was sie beinhaltet. Und hoffen! Und ich durfte einen Gott finden, der die „Sünder" liebt, die Verzweifelten nicht verwirft! Auch dann nicht, wenn sie mitten drin stecken und verharren, nicht mehr wollen und deshalb auch nicht können. Wenn keine Umkehr in Sicht ist und keine Änderung in Gang! Dann liebt Er immer noch! Er ging mit mir durch dieses finstere Tal. Mit an die sündigen Plätze. Und das war für mich unheimlich kostbar. Das konnte mir bis dahin keine Predigt vermitteln.

Diese völlige Annahme und Zuwendung sprach mehr als tausend Worte:

Eine Liebe ohne Grenzen.
Eine Liebe zum Gescheiterten.
Zum Unvermögenden.
Zum Rebellischen.

Meine furchtbare Selbstverurteilung hörte auf.
Ich begann mich mehr und mehr durch allerlei Vergnügungen abzulenken.
Und vieles tat mir sehr, sehr gut. Konzerte, Musik, Tanzen.
Ich machte mich frei von all den mir auferlegten Normen.
Und auch das war gut. Auch wenn alles erst mal ziemlich chaotisch ablief, pendelte es sich so nach und nach auf vernünftige Maße ein.
Der Alkoholkonsum ließ nach, die Männergeschichten hörten auf.

Ich konnte ohne schlechtes, eingeimpftes Gewissen meinen Weg gehen.
Ich liebte es, durch den Wald zu joggen, mit meinem schönen Cabrio durch die Gegend zu düsen, an lieblichen Seen zu stoppen, diese zu umjoggen, zu schwimmen, oder gar ans Meer zu fahren und einfach zu leben, ohne alles und jedes zu hinterfragen.
Und verrückterweise machte ich diese Dinge am liebsten allein.

Einsam blieb ich trotzdem.

Kapitel 3

Der Nordmann

Ich schließe beide Riegel unter'm Fenster,
mach' beide Fensterläden zu und dreh mich weg
Manchmal gibt es keine einfachen Lösungen
Manchmal ist Abschied der einzige Ausweg

Und die Sonne wird für dich untergehen,
Und der Schatten des Tages
wird die Welt in ein tiefes Grau tauchen

Mit Karten und Blumen an deinem Fenster
Flehen dich deine Freunde an zu bleiben
Manchmal ist ein Anfang nicht so leicht
Manchmal ist Abschied der einzige Ausweg

Und die Sonne wird für dich untergehen,
Und der Schatten des Tages
wird die Welt in ein tiefes Grau tauchen

LINKIN PARK
Shadow of the Day

In dieser Zeit lernte ich über Internet einen Mann kennen, der zwei Jahre zuvor als Bauingenieur in den hohen Norden ausgewandert war, sich dort ein Häuslein an einem wunderschönen Fjord gekauft hatte und anscheinend auch etwas einsam war. Vielleicht?!
Jedenfalls telefonierten wir täglich miteinander. Unser allererstes Gespräch dauerte acht Stunden, dann war der Akku leer.
Dieser Mann faszinierte mich. Sein Mut, seine Kraft!
Er ließ mich an seinem Tagesablauf teilhaben, teilte so vieles mit mir und mir mit. Wir schickten uns 100te von Fotos hin und her, wir redeten über Gott und die Welt. Sendeten uns zusätzlich SMSen… wir wurden unzertrennlich obwohl wir so weit voneinander entfernt waren.
Habe ich anfangs gerade deshalb diesen Kontakt aufgenommen? Je weiter weg, desto ungefährlicher?
Wir sehnten uns nacheinander. Bis er mich eines Tages überredete, zu ihm zu fliegen.
Meine Freunde wollten mich zum bleiben bewegen. Ja, in der Tat redeten viele mit Engelszungen auf mich ein, nicht zu fliegen. Andere hielten mich für bekloppt. Doch mein Herz hatte sich unbemerkt längst in seins weggestohlen, ja ich weiß gar nicht, wohin bei ihm. Denn das hab ich nie wirklich heraus bekommen.

Aber der Reihe nach.
Mir war schon klar, dass dieser Mann, Malte, nicht besonders feinfühlig war. Ich erkannte auch, dass er sehr dominant war. Indem er mich in gewisser Weise drückte, klein machte, unsicher und hilflos dastehen ließ.
Vieles, was ich sagte, war in seinen Augen Blödsinn. Er verstand es nicht. Seine hohe Intelligenz und Allgemein-

bildung taten ihren Teil dazu. Und zuhören war auch nicht sein Ding. Er hatte eher so etwas schulmeisterliches an sich. Aber er war anhänglich. Er suchte den Kontakt. Er erzählte mir alles, was er so über den Tag erlebte. Er nahm mich dahin mit.
Ich kannte seine Wohnsituation, seine Freunde, seine Umgebung. Und alles mit Fotos untermalt.
Wenn er kochte, hatte er mich am Ohr; Wenn er seinen Müll wegbrachte und abends beim Einschlafen.

Eines Morgens wurde ich durch einen Albtraum unwirsch aus dem Schlaf gerissen. Er hatte mit Malte zu tun. Da war was geschehen!
Es dauerte nicht lange und er rief an. Er war gerade auf dem Weg zu seiner Arbeit, mit dem Auto in einer Schneewehe gelandet. Nun stand er am Straßenrand und wartete auf den Abschleppdienst. Es war wohl nicht ungefährlich gewesen, aber zum Glück glimpflich ausgegangen.
Ich wagte nicht, ihm zu erzählen, dass ich aufgeschreckt wurde und innig für ihn beten musste, ohne zu wissen, warum.
Immerhin war er Atheist. Konnte meinen Gottesglauben nicht nachvollziehen. Und ich war froh, dass er jemand war, der mich nicht anpredigen würde.
Später hatte er immer viele Fragen zu meinem Glauben und ich habe ihn da oft unwirsch abgeblockt.
Ich war noch nicht wieder mit Gott ausgesöhnt. Lebte mein Leben zur Zeit lieber in Selbstbestimmung!

Es kam der Tag der Abreise.
Wie aufgeregt ich war. 1000 mal stellte ich mir vor, wie es sein würde, ihm am Flughafen in einsamer Gegend hoch im

Norden gegenüber zu stehen. Ich sehnte mich wie verrückt nach der Begegnung. In jeder Hinsicht.
Er betrachtete die Sache viel cooler, distanzierter.

Damals, als ich Säugling war, wurde eine Reise zu einem Sinnbild meines Lebens.
Und diese Reise wurde zum Sinnbild dieser Beziehung.

Es war das erste Mal überhaupt, dass ich geflogen bin, außer mit so einer kleinen Cessna.
Ich kannte also die Gepflogenheiten des Fliegens nicht.
Es war mir alles fremd. Natürlich war der erste Flug, und das im Alleingang, deshalb nicht so mit links für mich zu nehmen.
Es war März, kalt und das besonders in Richtung Norden.
Mein Flug ging mit Zwischenlandung.
Mit meinem Auto fuhr ich los. Auf einen Langzeitparkplatz und mit einem Shuttle-Bus zum Airport.
Da ich während des Fliegerwechsels auch noch den Zoll passieren musste und mir nur eine halbe Stunde zur Verfügung stand, war der Druck groß. Mein Gepäck war weg. Ich konnte an dem Fließband stehen, solange ich wollte, mein Koffer war auch bei dem 20. Durchlauf nicht dabei.
Eine ähnliche Tasche zog gemächlich ihre einsamen Runden… und meine Zeit rannte davon.
Irgendwann wandte ich mich an die Info. Aber man verstand mich so schlecht, ging mit mir zwar auf Suche und schickte mich dann ohne Koffer weiter, mit der Versicherung, dann wäre er sofort zum Zielort weitergeleitet worden.
Etwas mulmig machte ich mich auf den Weg.
Aber, ich verpasste den Anschlussflug.
In vier Stunden würde der nächste gehen.

Malte war mittlerweile unterwegs zu dem fast 100 Kilometer entfernten Flughafen, um mich abzuholen, als ich ihm meine Misere mitteilte. Naja, begeistert war er nicht, aber er trug es mit Fassung.
So würde ich abends um zehn Uhr landen.
Das war mein letztes Gespräch, dass ich mit meinem Handy führte, denn danach verschwand auch dieses auf Nimmerwiedersehen.
Der Weiterflug durch endlose Schneegebirge war recht abenteuerlich. Wo das Auge schaute, nur Schnee und Meer. Ein kleines Flugzeug von einem einsamen Abflugterminal, mehr eine Wald- und Wiesenabflugpiste, brachte mich immer weiter in die Einsamkeit. Schaute man herab, nur Schneeberge, keine Besiedlung, Weite und Wasser.
Hätte man mir erzählt ich befände mich auf dem Weg in die Arktis, ich hätte es geglaubt. Schnee, Wind, Einsamkeit, aber faszinierend. Zumindest hab ich das so empfunden. Und zu all dieser Aufregung kam ja der Moment der ersten Begegnung. Schließlich hatten wir uns ja noch nie gesehen!

Für den Flug hatte ich mich nicht in Felle gehüllt, sondern mich schön angezogen. Zum einen, weil ich ja gefallen wollte, zum anderen, weil ich mich vorwiegend in geschlossenen Gebäuden bewegte.
Stiefel mit hohen Absätzen, eine nur knielange Shorts, natürlich mit Strumpfhose, einen Strickmantel, …
So stand ich dann vor Malte. Es lag hoher Schnee.
Er schaute mich entgeistert an und sagte: „Wie kann man denn so hier her kommen?“
Mein erster Minuspunkt. Einer von sehr, sehr vielen, die ich alle noch sammeln sollte.
Ich finde heute immer noch nicht, dass ich für den Flug

unangemessen gekleidet war, zumal ich ja alles Warme, Gemütliche und Vernünftige im Koffer hatte.
Ja, der Koffer! Er war definitiv nicht da. Er war weg!
So mussten wir erst mal Anträge ausfüllen, einen für den Koffer, einen für's Handy.
Sehr Mut machend prophezeite mir Malte, dass ich dass Gepäck im Leben nicht mehr wiedersehen würde.
Und dass ich nicht sofort weitergeflogen bin und erst auf Koffersuche gegangen bin, war auch falsch. Selbst sein 14 jähriger Sohn hätte vernünftiger reagiert. Ob ich überhaupt am richtigen Band gestanden hätte?
Aber das weiß ich genau. Und immerhin ging ja das Flugpersonal mit mir auf erfolglose Suche.
Ich denke heute, es war eine Verwechslung, die zu spät entdeckt wurde!
Und als ich auch noch dummerweise erwähne, dass immer mir solche Dinge passieren, sagt er, dass er nicht leiden kann, wenn Leute von sich behaupten, *ihnen* widerfahre immer die außergewöhnlichen Dinge. Solche Situationen geschehen einfach. Können jedem passieren.
Also, diese Art von Gesprächen führten wir in der Stunde der Begegnung.
Und wenn ich recht überlege, waren sie charakteristisch für unser gesamtes Miteinander.
Allerdings scheinen wir uns ja anfangs ungezwungen unterhalten zu haben, anders kann ich mir unsere Marathongespräche nicht erklären.
Außer einer losen Umarmung, war der heißersehnte Moment unpersönlich. Sogar missgetönt. Keine Harmonie! Okay, die Situation lud auch nicht eben dazu ein.
Ich denke nicht, dass ich ihm äußerlich nicht gefiel. Im Grunde weiß ich, wie ich auf Männer wirke – Das sagen

mir ihre Blicke und Worte.
Und doch hatte ich den Eindruck, dass Malte regelrecht die Mundwinkel herabfielen, als er mich erblickte.

Auch die Fahrt wurde nicht viel entspannter.
Die Diskussion über meinen Fauxpas flammte immer wieder neu auf.
Es war mittlerweile Mitternacht, als wir ankamen.
Am nächsten Morgen musste Malte früh raus.
Ich weiß nicht, was geschah, und wie's geschah. Es war für mich fast wie ein Blackout.
Wir saßen zusammen, tranken und kamen uns näher. Wir erhitzten aneinander, aber dann lief alles für mich ab wie eine mechanische Handlung. Lang Ersehntes explodierte, aber ohne Herz, ohne Gefühl, ohne auf den anderen einzugehen. Unkontrolliert, aber ohne Echtheit. Gier, aber ohne echtes Verlangen. Benutzen ohne Herz. So kam es mir vor. Nicht zärtlich, sondern fast schon brutal.
Es war wie Sex mit mir, aber ohne mich dabei mitzunehmen. Bis zu dem Augenblick, da ich den, den ich meinte zu lieben, von mir wegstieß!
„Jetzt haben wir ein Problem" war sein Kommentar.
Ja, in der Tat, das hatten wir! Eines, das wir nicht mehr unter die Füße bekamen.
Warum wir dieses „Problem" nicht wieder beheben konnten, weiß ich bis heute nicht.
Kam ich seinen Wünschen nicht nach, strafte er mich dadurch mit Missachtung, Verweigerung?
Oder war er einfach nur unsicher geworden?
Aber seiner Kritik nach zu urteilen, war ich eine von der „zärtlichen Sorte" und „das bringt es nicht wirklich".
Jeder Versuch ihm wieder näher zu kommen scheiterte,

untermalt mit negativer Kritik. „Was machst Du da?“ … oder einfach durch absolutes nicht auf mich eingehen, oder keinerlei Reaktion zu zeigen. Da ich in mir selbst so unsicher geworden war, deutete ich auch alles zum Negativen hin. Ich küsste schlecht, ich war nicht gut im Bett, ich turnte ihn überhaupt nicht an. Kurzum: so sah ich mich, bekräftigt durch seine Kommentare.

Wie oft in den Wochen sehnte ich mich heim. Empfand es immer wieder als Albtraum.
Allerdings merkte ich, wie sich sein Misstrauen gegen mich, meine Person, meine Motive immer mehr legte, je mehr Zeit wir miteinander verbrachten. Er taute langsam auf. Einmal nahm er mich fest in den Arm und sagte. “Ich bin Scheiße. Du hast diese Behandlung nicht verdient.“

Übrigens, mein Koffer wurde aufgefunden und wir konnten ihn abholen. Zum Glück!

Wenn wir zusammen über Land fuhren, konnte ich die Zeit mit ihm genießen. Ich begleitete ihn zu seinen Baustellen und er hatte mich gerne dabei.
Wir schliefen in getrennten Zimmern. Wollten es beide so. Doch ich lag da und sehnte mich um so mehr in seine Arme.

In mir wuchs stetig das Gefühl, völlig zu versagen. Ich fühlte mich ihm unterlegen, nicht ebenbürtig, eben als Loser.
Manchmal ließ er mich völlig links liegen und ich hatte das Gefühl, er kann mich nicht ertragen. Dann nahm er mich plötzlich in den Arm und hielt mich ganz fest.
Immer wieder kam ich an den Punkt, dass ich ihn bat, mich zum Flugplatz zu bringen.

Aber es renkte sich jedes Mal soweit wieder ein, dass ich blieb.
Klar merkte er sehr wohl, dass ich nicht glücklich bei und mit ihm war. So viel ich weiß, ist das für Männer ein fast nicht erträglicher Zustand.
Aber wie konnten wir es besser machen; Waren wir dazu überhaupt in der Lage?
Er stellte mir seine ebenfalls eingewanderten Freunde vor. Verpackt in Neoprenanzüge, fuhren wir mit seinem Boot über die herrlichen Fjorde zu einer Party der Einwanderer. Das war schön. Interessant, eines jeden Geschichte zu erfahren. Und es war keiner dabei, der gerne wieder zurück gewollt hätte. Sagten sie es nur so? Hatte wirklich keiner Heimweh?
Ich weiß, dass ich hier meine Heimat aufgegeben hätte, wenn ich dort ein Zuhause gefunden hätte.

So faszinierend die Landschaft auch war, ich konnte die Freude darüber nie wirklich empfinden.
Wenn Malte ins Büro musste, zog ich los mit Malblock und Stift und versuchte ein bisschen zu malen. Aber die Muße fehlte. Es kam nicht viel dabei herum.
Oft bin ich an den Fjorden entlang gejoggt. Aber es war kalt und die Natur noch im Schlafgewand. Schnee, der eher in Matsch überging.
Regen, Sonne, Schnee, immer wieder im Wechsel. Manchmal Temperaturschwankungen von bis zu 10°C.
Doch wenn ich heute eine Doku über diese faszinierende Landschaft ansehe, reagiert mein Herz.

Letztendlich kam der Tag der Abreise.

Wir klammerten uns aneinander, als wenn wir die innigste Zeit unsres Lebens miteinander verbracht hätten.
Der Abschiedskuss auf dem Flugplatz muss für Außenstehende herzzerreißend gewesen sein, denn ein Fluglotse musste uns unterbrechen und geleitete mich zu der schon wartenden, abflugbereiten Maschine.
Malte sagte: „Sag bitte nicht, dass Du nicht wieder kommen willst." „Ok, ich sag nicht, dass ich nicht wieder kommen will."

Ich weiß nicht, was ich zum Abschied empfand.
Schmerz und Erleichterung!

Bei der Zwischenlandung am Fließband, stehe ich mit dem Gedanken: Zweimal hintereinander wird es schon nicht passieren, dass der Koffer nicht anrollt! Und der Koffer rollte *nicht* an!
Aber diesmal war es mir egal. Scheiß auf die Klamotten.
Ich wollte heim und sonst gar nichts!
An der Info teilte man mir mit, dass er direkt zum Heimatairport geleitet worden sei. Ich glaubte es nicht.
Wie positiv überrascht war ich, als er auf dem Band lag. Nun musste ich zurück zum Parkplatz, um dort erstmal festzustellen, dass die Batterie meines Autos leer war. Aber zum Glück waren die Parkwächter auf solche Situationen vorbereitet.
Abends kam ich müde und glücklich zu Hause an. Glücklich, nicht weil ich glücklich war, sondern weil ich glücklich war, zu Hause zu sein.

Alles nahm seinen Lauf . Das Telefon schellte. Malte war am Apparat.

Ja, wir machten tatsächlich weiter wie gehabt. Und ich hing kein bisschen weniger an ihm als zuvor! Im Gegenteil!
Was ist das? Wie soll man das einordnen?
Tja, was soll ich sagen, ich lebte irgendwo in den Weiten des Nordens, am Telefon und zu Hause. Aber nirgendwo richtig. Ich wartete auf den regelmäßigen Anruf, ebenso, wie ich ihn auch manchmal verfluchte.
Es war wie eine Abhängigkeit.
So etwas hatte ich bis dahin noch nie erlebt.
Manchmal waren die Gespräche unglaublich nahe. Die Schnecke wagte sich aus ihrem geschützten Haus. Aber ebenso oft gerieten wir in Spannungen und Stress.
Wenn Maltes Sohn, den er sehr liebte, bei ihm war, gab es für mich kein Plätzchen, oft nicht einmal für eine SMS während der gesamten Besuchszeit.
Wenn er krank war, rief er manchmal drei mal täglich an. Einmal hatte ich den Eindruck, ich bin ihm Last. Ein andermal krallte er sich an mir fest, aber so, dass ich mir immer vorkam, an einem ausgestreckten Arm zu verhungern. Es gab keine lieben Worte. Wenn man seinen Gesprächen mit mir lauschte, hätte man auch ebenso denken können, er spricht mit seiner Oma.
Ich drängte ihn, mir doch zu sagen, was das da zwischen uns überhaupt ist. Wie er fühlt?
„Du setzt mich unter Druck!"
Einmal öffnete er sich ein wenig und schrieb mir eine Mail, in der er erwähnte, dass man nicht oft im Leben einer Frau begegnet, mit der man sich vorstellen könne, das Leben zu teilen. Dass er nichts weiter wisse, außer, dass er mich nicht verlieren möchte.
Und ein anderes mal, dass ich ihn fasziniert habe… ließ aber offen, ob es immer noch sei.

Diese ganze Ungewissheit machte mich unglücklich.
Ich weiß, dass er sich in einer schwierigen Aufbauphase befand, und eine Menge Widrigkeiten zu bewältigen hatte. Da war im Grunde kein Platz mehr für mich.
Oft erschien es mir wie zwei Magnete, die zusammen wollten, aber je näher sie sich kamen, umso deutlicher wurde die Gegenpoligkeit.
Er hatte sich wie ein Angelhaken in mein Herz gebohrt.
Es tat weh!

Schließlich stoppte ich den Kontakt. Nachts, per SMS.
Es war dumm und unfair. Aber ich hatte Not.
Er akzeptierte. Und ich war enttäuscht, dass er nicht um mich kämpfte.
Wir versuchten es noch einige Male, aber es klappte nicht.
Hatten wir keinen Kontakt, hielt ich es nicht aus.
Hatten wir Kontakt, hielt ich es auch nicht aus.

Unsre gemeinsame Band war Linkin Park.
Ich liebte alle Lieder von ihnen. Sie begleiteten mich in meinem Alltag. Doch als ich zurück war, erkannte ich plötzlich die Übersetzung von *Shadow of the day.* Das war für mich wie eine Prophezeiung. Genau so hatte es sich abgespielt.
In unseren Phasen, in denen wir keinen Kontakt hatten, verzweifelte ich. Ich schloss mich ein, ließ die Rollos runter und betrank mich!
Dabei hörte ich Linkin Park.
Es war wie eine Selbstverletzung!
Oder ich fuhr an einen See, der mich an die herrlichen Fjorde erinnerte, joggte bis zu einer kleinen Kapelle und legte dort meine ganze Not und Verzweiflung nieder.

Meine Welt war in ein düsteres Grau getaucht!
Die Sonne war endgültig untergegangen.
Es blieb nur das Goodbye, der Abschied! Wie im Lied.
Wie oft habe ich mich gefragt, was da mit mir los war.
Jetzt erst habe ich die Antwort gefunden.
Dieser ganze furchtbare Verzweiflungsschmerz war nicht Malte! Nicht er allein!
Es war die ganze Summe der Verletzungen meines Lebens, die da aus mir heraus brachen. Und das war noch lange nicht das Ende.
Die Wunde blutete, aber sie sollte auch noch eitern.

Kapitel 4

Verzweiflung trägt Früchte

Ich hatte schon längst keine Hoffnung mehr
Doch jemand hat dich geschickt, von irgendwo her
Du hast mich gefunden,
in der letzten Sekunde.
Ich wusste nicht mehr genau was zählt
Nur: es geht nicht mehr weiter, wenn die Liebe fehlt
Du hast mich gefunden,
in der letzten Sekunde.

Du bist das Pflaster für meine Seele
Wenn ich mich nachts im Dunkeln quäle
Es tobt der Hass, da vor meinem Fenster
Du bist der Kompass wenn ich mich verlier',
du legst dich zu mir wann immer ich frier'
Im tiefen Tal wenn ich dich rufe, bist du längst da.

Ich hatte schon längst den Faden verloren,
es fühlte sich an wie umsonst geboren,
ich hab dich gefunden,
in der letzten Sekunde.
Und jetzt die Gewissheit, die mir keiner nimmt,
wir waren von Anfang an füreinander bestimmt,
wir haben uns gefunden,
in der letzten Sekunde.

Du bist das Pflaster für meine Seele
Wenn ich mich nachts im Dunkeln quäle
Es tobt der Hass, da vor meinem Fenster
Du bist der Kompass wenn ich mich verlier',
du legst dich zu mir wann immer ich frier'
Im tiefen Tal wenn ich dich rufe, bist du längst da.

Bevor du kamst war ich ein Zombie,
gefangen in der Dunkelheit,
du holtest mich aus meinem Käfig,
dein heißes Herz hat mich befreit.

Ich + Ich
Pflaster

Doch wenn sich Wunden entzünden, eitern sie. Brechen auf, und verlieren eine eklige Flüssigkeit!
Eiter stinkt. Die Wunde schmerzt, aber der Eiter muss raus. Und irgendwann setzt die Heilung dann ein.

Was ließ bei mir den Eiter hervorquellen?

Verlust, Ablehnung, die Ungeliebte zu sein! Selbstmitleid! Wie hab' ich mich in einem Lied von Jan Vering wiedergefunden. Er besingt dort die ganze Ablehnung, die Jesus widerfuhr.
Es tut gut, sich mit jemandem zu identifizieren und ausgerechnet mit Jesus durfte es sein! Natürlich nur in dieser Beziehung.
Abgelehnt von der Mutter, nicht verstanden von den

Adoptiveltern, abgelehnt vom eigenen Mann, abgelehnt vom eigenen und einzigen Sohn und zuletzt abgelehnt von dem Geliebten. Dazu immer wieder auch von der Umwelt. Mir fehlte wohl der Platz, wo ganz persönlich für mich ein besonderes Fleckchen Liebe wartete.
Die Liebe von Gott zu mir war ebenfalls verhangen.

Dieser ganze Ablehnungsschmerz durch Malte äußerte sich bei mir auf verheerende Weise.
Nebst Alkohol suchte ich Selbstbestätigung. Und zwar auf sexuellem Gebiet. Ich ging wieder zu meinem speziellen Freund.
Ich konnte nicht anders, ich musste mir selbst beweisen, dass ich keine Niete war. Ich brauchte diese Art der Anerkennung! Wollte sie, egal welche Folgen!
„Egal" war wieder eingezogen, dieses gefährliche Wort egal!

Nicht genug. Ich schaute mir Pornofilme an. Wollte sehen, wie die von den Männern „begehrten Frauen" es ihnen besorgten.
Was ich hätte bringen müssen, um Malte zu halten.
Ich brauche hier nicht zu erwähnen, wie diese Falle zuschnappte; Mich immer mehr in einen psychischen Wahnsinn trieb, ein Kreislauf von Sucht und Abscheu!
Von Verzweiflung und Verlangen!
Immer mehr brauchte ich diese Empfindungen, um mich selbst noch irgendwie lebendig zu fühlen, denn im mir war etwas kaputt gegangen. Wie gestorben, aber nicht angenehm tot, sondern schmerzhaft kalt und krass. So, als wenn ich Extreme bräuchte, um Leben zu empfinden. Dem Egal stellte sich Panik um mich selbst in den Weg.
Da kämpfte doch noch etwas, gab nicht auf.

Die Angst, in diesem Kreislauf stecken zu bleiben, erfasste mich. Und hier, in diesem tiefsten Punkt, durfte ich wieder und wieder einen Frieden erleben, der mir zu verstehen gab, dass ich nicht verstoßen, nicht vergessen, nicht aufgegeben oder gar dahin gegeben wurde, sondern ganz sanft, ganz liebevoll getragen!
Hier fand ich wieder mal *meinen* Gott. Einen, der sich *mit* mir dort aufhielt. Der wusste, dass ich nicht in der Lage war, an meiner Situation und Verfassung auch nur irgendeinen Krümmel zu ändern. Da war einfach nur *Hoffnung* auf Rettung.
Ganz, ganz langsam geschah dies.
Deshalb das Bild mit dem Eiter. Er floss und floss und floss. Aber ich verzweifelte nicht mehr. Ich nahm einfach meinen Zustand hin und wartete auf Rettung. Auf Heilung. Auf die Zeit, wo Er die Wunde verbinden würde.

Das blieb mein und sein Geheimnis! Denn nur Er verstand!

… *Bevor du kamst war ich ein Zombie…*
… *du hast mich gefunden, in der letzten Sekunde…*
… *gefangen in der Dunkelheit…*
… *in der letzten Minute…*
… *Du holtest mich aus meinem Käfig…*

So heißt es in dem Songtext.
Ich will nicht wirklich wissen, wie viele Menschen dort stehen.
Die Gelegenheiten, welche die „Diebe“ machen.
Not, die dort hintreibt.
Und in der Dunkelheit ohne Kraft.
Zombies!

Und ich kann sie doch so gut verstehn!

Ich denke, dass es die Alleinstehenden sind, mit ihrer Sehnsucht nach Liebe, Nähe und Gefühl. Und solche, die allein sind, inmitten der Gesellschaft; Allein Gelassene, auch in der Familie.

Mein Leben durfte sich nach diesem erneuten Absturz so langsam wieder erholen, zumindest in der äußeren Ordnung.

Der innere Schmerz tobte noch lange!

Kapitel 5

Die „Dicke des Blutes"

Das waren ja nicht die einzigen Dinge, die zu bewältigen waren, denn es existierte ja noch irgendwo auf dieser Welt meine leibliche Mutter. Die, die mich zeugte und verwarf. So sah ich das jedenfalls.
In meinen heißen Teeniezeiten, wenn ich völlig betrunken heim kam, sagte Mama oft zu mir: „Wenn wir gewusst hätten, wie du würdest, hätten wir dich im Heim gelassen. Du wirst genau wie deine Mutter."
Irgendwie setzte sich in meinem Kopf so eine Frau fest, wie ich sie zu genüge in den Pornos erlebte.
Unglaublich, dass ich später von gerade diesen Frauen lernen wollte, was Männer lieben. Welche Verirrung, welche Verzweiflung muss dahinter stecken, wie viel Kaputtheit!

Ein Albtraum quälte mich jahrelang, ebenso lange, wie die Sehnsucht schlummerte, einmal meine genetische Erzeugerin zu Gesicht zu bekommen.
Wie oft schreckte ich aus dem Schlaf auf und sah mich einer Frau gegenüber, die in spärlicher und aufreizender Bekleidung vor mir stand. So stellte ich sie mir vor. Mir war klar, dass eine Mutter, die ihr Kind weggibt, nur so eine sein kann.
Damals sah ich das so und ich wusste, ich finde erst Ruhe, wenn ich sie gesehen habe!
So beschloss ich mit 23 Jahren, sie zu suchen!

Sie sollte natürlich sehen, was sie an mir angerichtet hatte. Ich zog mich recht auffallend an und dröhnte mich auf der Fahrt zu ihr entsprechend zu. Im Grunde genommen wollte ich mir selbst Mut machen.
Die Adresse hatte ich nach langem Durchsuchen der Akten meiner Eltern im Stammbuch gefunden.
Doch siehe da, in dieser Stadt gab es diese Adresse schon lange nicht mehr. Es war mittlerweile eine riesige vierspurige Straße.
Also wandte ich mich an das dortige Einwohnermeldeamt. Ich hatte nur die Chance sie ausfindig zu machen, wenn sie nicht geheiratet und ihren Namen geändert hatte.
„Wir dürfen keine Auskunft geben", teilte man mir mit. Doch ich stand wohl einer Frau mit einem weichen Herzen gegenüber, denn sie schaute mich aufmerksam an und fragte: „Suchen sie ihre Mutter?"
Ich nickte. Dann schrieb sie etwas auf einen Zettel und reichte ihn mir.
„Viel Glück!"

Wenig später stand ich vor einem Mehrfamilienhaus und auf der Schelle fand ich den Namen, der auch mal meiner war.
Natürlich war ich so aufgeregt, wie man in solchen Situationen eben ist. Ich drückte die Taste und eine Stimme meldet sich: "Sie wünschen?"
„Das möchte ich nicht so gerne hier draußen sagen, kann ich mit Ihnen sprechen?"
„Sie müssen mir schon sagen, in welcher Angelegenheit!"
„Sie hatten doch vor 23 Jahren mal ein Kind"
Jetzt war's raus.
Keine Reaktion. Nichts. Lange nichts, so kam es mir vor.

Dann ging der Summer und die Tür öffnete sich.
So standen wir uns also gegenüber.
Keine Strapse. Keine Auffälligkeiten.
Eine attraktive, gepflegte Frau.
Und ich.
Ich brauchte keine Beweise zu bringen, wir wussten es!
Und wir sahen es!
Welche Emotionen mich damals erfassten, weiß ich nicht mehr zu schildern. Aber man spürt die Zusammensetzung des gemeinsamen Blutes und des gleichen Ursprungs jedenfalls *nicht*.
Vielleicht kann man Herzensverwandtschaft empfinden, das war bei uns jedenfalls nicht gegeben. Dazwischen lag ja auch eine große Hürde.

Da ich mit der Absicht gekommen war, sie nur einmal zu sehen, nannte ich ihr lediglich meinen Vornamen. Keine Adresse, keine Anhaltspunkte, zu mir Kontakt zu halten. Nichts.
Naja und dann die üblichen Entschuldigungen, warum, weshalb, wieso. Damalige Zeit, nicht die Möglichkeiten wie heute, und und und.
Zudem musste sie auf eine Feier und hatte nicht viel Zeit. Auch gut!
Sie schenkte mir ein schweres, goldenes Armband. Ein Erbstück, ein Gewissenserleichterungsobjekt?
Dieses Armband sorgte schließlich dafür, dass meine Adoptivmutter von dem Besuch bei Isabella, so heißt sie, erfuhr. Denn sie fand das wertvolle Teil in meinem Zimmer, säuberlich versteckt und hielt es für ein Delikt aus einem Juwelenraub. Immerhin erhielt ich regelmäßig Post aus der JVA. Deshalb stellte sie mich zur Rede.

Aber sie verstand mein Handeln. Und wir vergossen beide bittere Tränen.

Eine jüngere Schwester gab's auch noch. Diese war nicht abgegeben worden, weil die Oma es nicht noch einmal ertrug. Also zog diese das Kind auf.
Und Isabella machte Karriere, so eine kleine, mittelbürgerliche.
Das war's dann auch … vorerst.

Da zu der Zeit mein Vater in meinen Augen nur mein Erzeuger war, interessierte er mich überhaupt nicht. Ich glaube, ich habe noch nicht mal wirklich nach ihm gefragt.

Als dann Dave auf die Welt kam, meinten mal wieder andere Menschen, ich hätte die Pflicht, der echten Oma mitzuteilen, dass sie einen Enkel habe.
Ich selbst legte keinen Wert darauf, aber man konnte mir ja schon immer gut ein schlechtes Gewissen projizieren. So schrieb ich ihr. Diesmal mit Absender, sowie mit Vorwürfen und Unverständnis über ihr damaliges Handeln.

Ich hörte nie etwas darauf. Gut so!

Heute sehe ich das alles in einem anderen Licht. Alles kommt, wie es sein soll.
So fand ich ungefähr 15 Jahre später einen Zettel in meinem Briefkasten, auf dem stand: „Du musst unbedingt deine Mutter anrufen. Ich habe mit ihr telefoniert; Sie hat schrecklich geweint. Hier ihre Nr. … LG Tanja"
Meine Mutter war doch tot? An die andere Frau dachte ich gar nicht mehr.

Und mit dem Zettel konnte ich zuerst gar nichts anfangen. Doch dann dämmerte mir so langsam der Zusammenhang. Tanja wohnte dort, wo ich damals gewohnt hatte, die gleiche Adresse auf dem Brief an Isabella, meine biologische Mutter.
Jetzt wo sie alt wird!
Will sie jetzt eine Tochter, die ihr im Alter zur Hand geht?
Ich war soo misstrauisch.
Und verstockt.
Nein, keine alten Eltern mehr, die Hilfe brauchen. Ich hatte meine Schuldigkeit getan!
Tränen! Tränen der Not? Tränen der Berechnung?

Und doch. Ich schaffte es nicht, mich lange vor der Tatsache zu verschließen, dass meine Erzeugerin nach mir suchte.
Ich hatte in mir lange Frieden geschlossen, um all diese Dinge.

Dann war da noch die ganz natürliche Neugier.
Und die Einsamkeit.
Meine Eltern waren tot. Dave nicht mehr da.
Und wenn ihre Tränen echt waren? Tränen der Reue? Sollte ich mich davor verschließen?

Ich fuhr hin!
Wieder stand ich ihr gegenüber. So wie damals und doch anders!
Besser vorbereitet. Und sie auch!
Und doch, es blieb genauso fremd wie einst.
Sie ist kein Typ, dem ein Herz zufliegt. Sie wirkt kühl, distanziert, nur bedingt nahbar. Mittlerweile hatte sie geheiratet. Sieben Jahre zuvor. Gerald, den Vater ihrer zweiten Tochter.

Aber erst, nachdem sie sich 30 Jahre später wiedertrafen, beide alt waren, beide einsam und vom Leben enttäuscht. Isabella heiratete ihn, obwohl sie ihm nicht verzeihen kann, dass er sie damals nicht wollte. Er hatte Alimente gezahlt, aber zweifelte an der Vaterschaft. Traute ihr nicht und konnte sich gegen die Ablehnung, die seine Mutter auf Isabella damals ausübte, nicht widersetzen.

Materiell wohlhabend, leben sie heute zurückgezogen auf den Ländereien einer Erbengemeinschaft von Geralds Seite.

Ich will hier ein bisschen die Zusammenhänge aufrollen, weil es mich fasziniert, wie einzelne Menschenschicksale miteinander verwoben werden.
Gerald stammt von einem herrschaftlichen Gut. Seine Familie war sehr wohlhabend. Unbetitelter Adel.
Groß geworden, wie wir es nur aus Filmen kennen; Mit Dienerschaften, Stallungen und dem dazugehörigen Leben.
Dieses Idyll endete für ihn abrupt mit Enteignung nach dem Krieg. Brutal. Radikal.
Seine Schwester fand in seinen Armen den Tod.
Er musste fliehen.
Sie flohen über die Grenze, wo noch Ländereien und Bauernhöfe ihr Eigentum waren.
Dort lebte er mir seiner Mutter und wurde Landwirt.
Später verpachtete er sein Land und baute für Isabella und sich ein Gehöft am Rande eines Naturschutzgebietes um, wo er sich seiner Leidenschaft, der Jagd und seiner Aufgabe widmet, die Ländereien der Erbengemeinschaft zu verwalten.

Dort also verbringen die beiden ihren Lebensabend.

Wiedergetroffen hatten sie sich dadurch, dass Gerald der gemeinsamen Tochter das Erbe auszuzahlen gedachte.

Nachdem Isabella pensioniert war, überfiel sie eine stetig quälende Unruhe um ihre Vergangenheit. So wie sie sagt, eben darum, dass sie ein Kind weggegeben hatte.
Durch die Arbeit gelang es ihr wohl, jahrelang zu verdrängen, aber als auf einmal viel Zeit zur Verfügung stand, war auch viel Raum zum Grübeln.
Die Nächte trieben sie umher. Und ich vermute mal, dass der Verdrängungsmechanismus nicht mehr funktionierte. Kurzum, das schlechte Gewissen meldete sich.
Vielleicht sogar Sehnsucht?

So entstand das Verlangen nach mir.
So kam der Kontakt.
Und so wuchs in mir die Dankbarkeit, dass man mich weggegeben hatte.
Dankbarkeit, dass ich bei einem warmherzigen Ehepaar groß werden durfte, auch wenn sie ein Leben brauchten, um mich zu verstehen und es doch nie gelang. Und umgekehrt!

Dieser Kontakt hier, wird nie ein tiefes Vertrauen werden können, denn die Schalen sind zu dick. Schalen, die sich jeder von uns im Laufe des Lebens zugelegt hat. Panzer, Schutzwälle und Lügengebilde, die das Dasein verschönern sollen, da die Realität sonst zu erdrückend sein würde.
So glaubt Isabella nach wie vor, dass sie mich nicht hätte behalten können, denn sie hätte ja Geld verdienen müssen.

Nur, ich war Kind eines Multimillionärssohnes!
Ein Schrottbaron!

Thyssen und Krupp waren seine Auftraggeber. Eine bekannte Bergbau-Dynastie seine Freunde. Zulieferant der Kriegsmaschinerie. Kind eines Mannes, der schon im frühen Alter von 16 Jahren als Sonnyboy mit den teuersten Luxuslimousinen durch die Straßen kreuzte. Schön, reich und begehrt.

Laut Isabellas Schilderung wollte er sie heiraten, aber sie lehnte ab.
Wahrscheinlich vertraute sie ihm nicht.
So gab sie mich still und heimlich weg, sofort nach der Entbindung.
Meine Großmutter väterlicherseits lag sehr krank und ihr Gewissen meldete sich. Sie beschloss, mir mein Erbe auszuzahlen und als man nach mir forschte, war ich nicht mehr aufspürbar, da zur Adoption freigegeben. Damals erlosch somit jegliches Recht zu wissen, wo das Kind sich aufhält. Ich muss sagen, als ich davon hörte, hab ich mich doch etwas geärgert.

Da ich bei meinem ersten Treffen mit Isabella Angst hatte – sie wolle mich in irgendeiner Weise vereinnahmen; benutzen zu ihrem Gunsten – war es mir wichtig, ihr zu vermitteln, dass ich keinerlei Pflichten an ihr übernehmen würde und auch nicht in den Verdacht geraten wollte, an einem Erbe interessiert zu sein.
Ich wollte meine Freiheit behalten!

Viele Informationen über meinen Vater konnte Isabella mir nicht geben, deshalb versuchte ich auf eigene Faust nachzuforschen.
Aber da es ungefähr 60 gleichnamige Einträge in dieser Ge-

gend gibt, gestaltete sich das als sehr schwierig.
Schön war dann zu erleben, wie etliche Menschen dieses Namens sich an der Suche beteiligten.
Es gab da die riesige Firma des Großvaters. Man erzählte mir, dass ein ganzer Straßenzug, ein riesiges Gelände diese Firma umschloss.
Aber das war 30 Jahre her. Unter diesem Namen fand ich nur noch eine Fax-Nummer.
Die Antwort auf mein Fax ließ nicht lange auf sich warten. Ich erhielt einen Telefonanruf.
Nachdem ich mein Anliegen geschildert hatte, war erst einmal Stille. Dann sagt der Mann am anderen Ende: „Der Alexander, das war mein Jugendfreund. Aber wie kommen Sie an meine Nummer?"
Eine Nummer, die 30 Jahre im Telefonregister der Auskunft geführt wurde, ohne dass die Firma, noch nicht einmal mehr der Name, existierte! Unglaublich!
Die Gebäude waren mittlerweile Sitze anderer Firmen, unter anderem der Spedition, die ausgerechnet der Jugendfreund führte!

Von ihm erfuhr ich eine Menge Einzelheiten aus dem Leben meines genetischen Vaters.
Er war kurz nach meiner Geburt in die Fremdenlegion gegangen. Hatte dort seinen Namen geändert. Praktisch seine alte Identität aufgegeben.
Warum?
Was veranlasst einen so reichen Erben zu solch einem Schritt?
Das konnte mir der Mann auch nicht beantworten.
Später hat er geheiratet und einen Sohn gezeugt. Als ich ungefähr zwei Jahre alt war, ist er mit dem Auto tödlich verun-

glückt. Frontal gegen einen Baum. Merkwürdigerweise so, dass der Fahrersitz komplett wegrasiert wurde.
War es damals Absicht?
Kam er mit dem Leben nicht zurecht?
Oh, ich wüsste so gerne mehr. Aber da gibt es das Problem mit dem geänderten Namen.
Ich kenne den Ort, indem er gelebt hat.
Und ich weiß, ich werde einmal hinfahren.
Ob ich Spuren finde?
Aber so wie es die geheimnisvolle Telefonnummer gab, könnten ja auch weitere Hinweise zu erkennen sein.

Mittlerweile fahre ich ein bis zwei mal im Jahr zu Isabella und ihrem Mann.
Sie freuen sich immer sehr wenn ich komme. Sie sind stolz auf ihre Tochter, zumindest dann, wenn sie mich ihren Freunden vorstellen. Wo diese plötzlich aufgetauchte Tochter herkommt, erfährt vorerst niemand.
Sie verkehren in Kreisen, die ich sonst nur vom Hörensagen kenne: Grafen, Barone, sogar ein echter Prinz. Hauptsächlich Jagdfreunde.
Neulich waren wir zur Privataudienz beim Prinzen geladen. Ich erhielt ebenfalls eine Einladung.
Okay, ich gebe zu, das schmeichelt meinem Ego. Und der Prinz ist ein sympathischer, netter Mann. Nicht abgehoben, lebt in zwei Welten und interessiert sich auch für beide. Verkehrt den einen Tag mit Albert von Monaco und den nächsten Tag „mit unseren Wenigkeiten."

Isabella verbringt ihre in der Regel einsamen Tage mit Herumsitzen und Alkohol trinken. Ein gesittetes Wohlstandstrinken. Wenn Gerald ihr keine Gesellschaft leistet,

sorgt er für den Einkauf und liebt seine Streifzüge durch seine Ländereien. Bin ich da, werde ich des öfteren Zeuge des Ehezwistes.
Dass mein Sohn und ich so „daneben sind“, haben wir laut Isabellas psychologischer Analyse meinen Eltern zu verdanken. Das verletzt mich zutiefst, denn wenn wir noch das sind, was wir sind, haben wir es den beiden geliebten Menschen zu verdanken, die für uns da waren!!
Wie genieße ich es dann, wenn ich mal für eine Stunde mit dem Hund verschwinden kann.
Und wenn ich ein paar Stunden da war, bin ich froh, weiterzuziehen. Denn es ist auch recht frustrierend!
Anfangs versuchte sie, Kontakt nach ihrer Vorstellung und Häufigkeit von mir einzufordern, doch diesen ewigen Erwartungsdruck fand ich unverschämt und brach den Kontakt ab.
Später bat sie mich, ihr das zu geben, was ich geben möchte. Sie wolle mich nicht mehr verlieren.
Sie freuen sich wirklich wenn ich komme und verwöhnen mich dann mit leckerem Essen. Auch in einem materiellen Engpass unterstützte sie mich mit freimütigem Herzen. Sie wollte nicht, dass ich ihr das geliehene Geld zurückzahle. Dave hat sie einmal eine finanzielle Unterstützung zukommen lassen, indem sie ihm eine Ausbildung finanzierte.
Das war für mich eine sehr wertvolle Geste in jeder Hinsicht und eine großartige Hilfe für ihr Enkelkind.

Ab und zu telefonierte ich mit meiner Halbschwester. Als diese von mir erfuhr, lehnte sie den Kontakt zuerst ab, da sie fürchtete, dass Isabella sich immer dazwischen drängen würde, um uns gegeneinander auszuspielen. Deshalb haben wir unseren Verkehr miteinander vor ihr verschwiegen. Zuerst.

Aber irgendwann kam ich mit der Heimlichtuerei nicht mehr zurecht.
Das Offenbaren gab allerdings neue Risse.
Kathrin kam nie gegen die Dominanz und Herrschaft ihrer Mutter an. Und auch als Mutter kann sie sie nicht anerkennen, dafür wurde sie zu viel abgeschoben und von der Oma, die sie sehr liebte, großgezogen.
Ich kenne hier eben nur die mir erzählten Versionen und die Momente, in denen ich mir selbst ein wackeliges Bild zusammen zu zimmern versuche. Dumm genug!

Und doch ist es oft traurig zu hören, welch unüberwindliche Spannungen da zwischen Mutter und Tochter stehen. Viele unvergebene Dinge, Verletzungen und Enttäuschungen beiderseits.

Und ich hab wieder mal die Funktion der unbeteiligten Dritten. Der, die dazwischen steht.
Nein, auch nicht. Ich bin Bindeglied und zugleich Prellbock. Irgendwie eine ungesunde Konstellation. Oder bin ich sogar eine Gefahr?
Könnte ich Eine sein, die aufgetaucht ist, um wegzunehmen, was Andere sonst bekommen hätten?
Wenn man so aus dem Nichts auftaucht, müssen die Plätze neu sortiert werden. Ich bin der Eindringling!
Jedes Mal, wenn ich Kontakt mit meiner Schwester hatte, quälte mich anschließend ein komisches „schlechtes Gewissen“, das mir einreden will, dass es unrecht ist, zu so einer schlechten Frau, die meine Erzeugerin ist, überhaupt Kontakt zu haben.
Unfair, der Schwester gegenüber!

Es überfällt mich wie eine stumme Anklage, durch die Gespräche mit Kathrin in mich hineinprojiziert. Nicht wirklich offensichtlich, sondern ganz fein einsuggeriert. Irgendwann hielt ich diesen Zwist nicht mehr aus und brach den Kontakt ab.
Isabella bat mich dagegen, ihr eine neue Mutterchance nicht zu verweigern. Sie hat nicht mehr so viel Zeit auf Erden. Sollte ich ihr den Wunsch nicht erfüllen?
Sie ist und bleibt eine stolze, herrische Frau. Mir bleibt nur die Chance, sie so anzunehmen, wie sie ist und die Vergangenheit zu vergeben.
Ich wünschte, Kathrin könnte das auch, aber sie ist noch zu weit davon entfernt. Und überhaupt nicht bereit! Auch nicht in der Lage dazu. Es herrscht zu viel Angst vor erneuten Verletzungen.
Auch das ist verständlich.

Und Isabella denkt nach wie vor von sich selbst, dass sie eine gute Mutter für Kathrin war.
Bei mir sieht sie das anders. Sie empfindet Schuld mir gegenüber, die sie sich selbst nicht vergeben kann, auch wenn sie für damals keine Handlungsalternative sieht.
Aus dem Konflikt zwischen ihr und Kathrin hielt sie mich ganz heraus. Das rechnete ich ihr sehr hoch an.
Und so versuchte ich lange in dem Beziehungsbrei zu schwimmen und mich nicht zu sehr erdrücken zu lassen. Aber irgendwann war es dann genug!
Ich durfte noch eine Zeit lang einen friedlichen Kontakt zu Isabella haben. Dann wurde sie krank! Das viele Rauchen und Trinken zollte seinen Tribut und es wurde ein Aneurysma festgestellt.
Als Isabella sich zu einer Operation durchrang, verstarb sie

dabei. Ohne diese wäre sie aber auch gestorben, so verfallen wie sie mittlerweile war.
Was mich sehr verletzte, war die Tatsache, dass sie während ihrer schlimmen Krankheitszeit jeglichen Kontakt zu mir ablehnte.
Ich konnte es nicht verstehen und wurde ein zweites Mal verstoßen.
Kein Krankenhausbesuch, kein Telefonat, nichts! Nur ihr Mann durfte zu ihr. Sollte ich ihr Elend nicht sehen? Ich denke, da war noch mehr!
Bevor ihre Krankheit so rapide zunahm, ließ sie mich noch wissen, dass sie Geld für mich im Haustresor hinterlegt habe.
Ich konnte ihr nur noch per Fleurop Blumen ins Krankenhaus senden, mit ein paar lieben Worten, die sie an ihrem Todestag erhielt.
Aber in meinem Herzen waren nicht nur liebe Worte für sie, ich musste auch erneut darum kämpfen, nicht wieder in die alten Gefühle zu verfallen, doch oh Staunen, ich musste wohl einen großen Heilungsprozess erlebt haben, denn alles in mir blieb ruhig und gefestigt.
Als Gerald bei der Beerdigungsrede dafür sorgte, dass das erste Mal überhaupt eine öffentliche Schilderung der wahren Geschichte von der wiedergefundenen Tochter stattfand, entschädigte es für vieles. Dieses Bekennen zu mir geschah aber nicht durch Isabella, sondern durch meinen Stiefvater Gerald.
Die andere Tochter erschien nicht zur Beerdigung.
Ich war offiziell erbberechtigt, doch von dem Erbe war nichts mehr da.
Der Tresor war leer!
Vorhandener Schmuck, den ich zudem erhalten sollte, wurde gestohlen!

Erst im Himmel erhalte ich die Antworten, in die ich hier unten keinen Einblick haben werde.
Für mich ist das okay, so wie es ist. Hätte Geld mich glücklich gemacht? Die Tatsache, dass ich nicht zu einer Geldspritze kam, sollte mir zu einem großen Segen werden. Später.
Und niemand konnte mich Erbschleicher nennen!

Zu Gerald habe ich einen netten Kontakt, obwohl mein Herz ihm nicht wirklich vertraut, mag ich ihn doch sehr. So wirkt Gott in unsren Herzen einfach Liebe und Zuneigung, auch wenn etliche Fragen offen sind.

Kapitel 6

Trost im Unglück! (Kann ich Gott noch glauben?)

Doch der Herr tröstet sie und spricht: »Hör auf zu weinen und zu klagen, denn das, was du für deine Kinder getan hast, soll nicht vergeblich gewesen sein. Deine Kinder werden aus dem Land des Feindes zu dir zurückkehren«, spricht der Herr. »Es gibt noch Hoffnung für die Zukunft, denn deine Kinder kehren in ihre Heimat zurück.«

Jeremia 31, 16-17

Diese Worte las ich in der Bibel. Die Verzweiflung trieb mich mal wieder Hilfe in „dem Buch" zu suchen. Und immer schlug sich für mich diese Stelle auf.
Nicht Hokuspokus. Abnutzung!
Das Buch öffnete sich von selbst an dieser Stelle. Ich hatte die Worte dick unterstrichen. Manchmal lag die Bibel dort aufgeschlagen und je öfter ich die Worte las, desto mehr beruhigten sie mich! Wurden in mir lebendig und zur vollen Gewissheit, dass es so kommt!
Allerdings, wenn man gleichzeitig genau das Gegenteil erlebt, nämlich Niedergang, Niedergang, Niedergang, dann fällt es immer schwerer noch zu glauben, dass es für Dave jemals Hoffnung für die Zukunft, einen gangbaren Weg geben würde.

Menschlich gesehen so unwahrscheinlich, so aussichtslos.
Diesen Weg schien er sich mit jedem Schritt mehr zu verbauen.
Würden die Weichen sich doch in seines Vaters Spur stellen?
Reichte das, was war, nicht aus?
Wo war für ihn der „Schweinetrog"?
Meiner Meinung nach, hätte er längst in ihm erstickt sein müssen.

Als Dave das Haus verließ, hörte ich fast ein Jahr nichts von ihm, allerdings vieles über ihn!

Dann kam der Tag, an dem er anrief und fragte, ob er mich besuchen kommen dürfte.
Ich war so aufgeregt.
Wie würde er aussehen.
Wie geht es ihm?
Was würden wir reden.
Wie die Empfindungen sein?
Wäre ich weise genug, ihn nicht mit Vorwürfen zu plagen oder ihn auf sein Versagen anzusprechen?
Aber nein, vom Versagen konnte ich selbst ein Lied singen!

Und es kam so anders!
Ich hatte nicht daran gedacht, dass Dave als erstes mit dem nicht mehr Vorhandensein seines Katers konfrontiert werden würde.
Und ich war auch nicht darauf vorbereitet, dass es ihm so viel ausmachen würde.
Aber als ihm meine neue Katze begegnete und er erfuhr, dass es keinen Philipp mehr gab, brach er zusammen.
Lange stand er am Grab im Garten und weinte.

Weinte über die Katze, all das, was zwischen uns geschehen war, sein eigenes Elend, das verlorene Zuhause, den Tod von Opa und Oma, kurzum, die Katze löste bei ihm den Schmerz aus, den er bis dahin so säuberlich unter Verschluss gehalten hatte.
Das zerriss auch mein Herz. Dazu kam, dass ich so unsicher im Umgang mit ihm war, so hilflos.
Deshalb war ich dankbar, dass wir uns Abends mit einer Freundin und deren Kindern, die damals Daves Kinderfreunde waren, in einer Kneipe verabredeten.
Es wurde ein sehr bewegter Abend, denn nicht nur wir, sondern fast alle Leute, die dort versammelt waren, nahmen regen Anteil an unserem Wiedersehen. Nachbarn brachen in Tränen aus, fielen uns um den Hals, gaben uns Getränke aus und feierten mit uns.
Im Dorf hatte jeder mehr oder weniger den Verlauf mit all den Spekulationen, Tatsachen und üblen Nachreden unseres Dilemmas verfolgt.
Und es wurde zu einer ergreifenden allgemeinen Wiedersehensfeier. Nie hatte es das bis dahin bei mir gegeben, dass ich vor den Augen meines Sohnes getrunken hätte. Und nie bis dahin gegeben, dass ich dieses gemeinsame „Besäufnis“ geduldet hätte.
So gab ich Dave am laufenden Band zu verstehen, dass ich ab jetzt für ihn keine Vorbildfunktion mehr übernehmen würde. Dass er sich neue Vorbilder suchen müsste, selbst hin und hergerissen von meinem eigenen Gewissen.
All das lief locker und witzig ab, zwischendurch wieder mit Tränen vermischt, chaotisch und doch so wohltuend!
Vor all den Menschen nahm er mich in den Arm und sagte, dass er mich sehr lieb hätte. So was hatte er bis dahin noch nie gemacht!

Diese Szene wiederum versetzte die Zuschauenden in Tränen. Es war ein Abend wie in einem Film. Verrückt, bewegend, fast unwirklich!
Dann ging er wieder und ich hörte lange nichts.

Weihnachten stand wieder vor der Türe. Und diese Tage entpuppten sich auch für etliche meiner Freunde als sehr frustrierend, weil sie alleine waren.
Meine Nachbarsfamilie hatte gerade ihren Vater verloren. Ihnen grauste der Gedanke an Familienfest.
Da ich auch nicht recht wusste, was auf mich zukommen würde, plante ich ein Heiligabendfest, draußen an meinem alten Herd, auf der geschützten Veranda.

Diesmal bat ich Dave, doch über die Tage mit seiner Freundin zu mir zu kommen.
Heimlich lud ich seine Freunde ein.
In einem Lichtermeer und warmen Feuerstellen, der gemütlichen Herdwärme und leckerem Punsch, dazu Waffeln auf dem alten Ofen, am offenen Feuer gebrutzelt, verbrachten wir mit 25 Leuten einen etwas anderen „Heilig Abend“, der uns allen bis heute unvergesslich geblieben ist.

Aber so friedlich, wie das Verhältnis zu Dave sich zu entwickeln schien, so täuschte der Schein.

Manchmal hörte ich Monate nichts.
War aber auch selbst sehr unsicher und zurückhaltend, was meine Initiative betraf.
Dave unterstand den unterschiedlichsten Betreuern, die mit ihm nötige Ämtergänge unternahmen und sich bei der Jobsuche einsetzten. Aber Dave hielt nichts durch.

Ein Betreuer nach dem anderen schmiss das Handtuch. Keine Maßnahme fruchtete.
Eine zweite Lehrstellenchance setzte er so in den Sand, dass ihm fast eine Anzeige drohte und diese einzig aus dem Grund nicht geschah, weil die Firma Sorge hatte, Dave würde sich durch Randaliererei rächen.
Daves Auffassung von Arbeitsmoral sah immer noch so aus, dass er tagelang wegblieb oder zu spät erschien, sich von Vorgesetzten nichts sagen ließ, sodass dadurch selbst sein Arbeitsumfeld durch ihn gestört wurde.
Es kam erneut zur Kündigung.
Sein Betreuer hoffte durch ein gemeinsames Gespräch eventuell noch etwas zum Positiven bewegen zu können, jedoch ging dies voll nach hinten los, da Dave völlig ausflippte und um sich zu schlagen und wüten begann, dass seine Vorgesetzten zu zweit versuchten seiner Herr zu werden. Dave riss sich aus der Umklammerung los, stürmte den PC-Raum, nahm sich einen Rechner unter den Arm und verließ damit das Gebäude.

Solche hirnrissigen Dinge bekam ich immer wieder geschildert. Und wenn ich ihn fragte: "Warum machst du das?", konnte er es nicht begründen. „Ich sehe dann rot!"
Einmal löste er in der Medienabteilung eines Kaufhauses einen Alarm aus, warum auch immer, und der Kaufhausdetektiv nahm ihn am Arm und wollte ihn hinausgeleiten. An der Kasse wurde dann ebenfalls der Alarm ausgelöst und wie sich herausstellte, war die Ursache dafür im Hemd des Detektiven zu finden.
Dave hatte diesem im Vorbeigehen einfach etwas in die Hemdtasche gesteckt.
Daves 3-Zimmer-Wohnung verfiel zusehends dem Ruin.

Müllberge stapelten sich in den Ecken. Sie wurde Treff für die Vorstadtjugend und zu einem Platz, an dem ständig Polizei, gerufen durch erregte Nachbarn, für Frieden sorgen musste.
Es wurde aber auch ein Platz, an dem die Polizei Razzien durchführen musste, da Dave mit Drogen handelte.
Hatte er mittlerweile Bekanntschaft mit harten Drogen gemacht?
Ich kann das Ausmaß nicht beurteilen. Und es ist gut so! Was ich weiß, dass er sich drogenmäßig so ins Aus katapultierte, dass er in eine Entzugsklinik eingewiesen wurde. Danach ging's aber weiter wie gehabt, denn die Wartezeiten auf Therapieplätze dauern bis zu einem Jahr.
Diese Zwischenzeiten machen alle guten Vorsätze und mögliche Chancen sowieso zunichte. Wenn überhaupt Vorsätze da waren.

Mir wurde es so schwer, Dave in seinem „Zuhause" zu besuchen, denn es fehlte an allem.
Einmal kam ich hin, es war Winter. Man hatte ihm den Strom abgestellt. Das Geld, das ihm von der Fürsorge dafür ausgezahlt worden war, hatte er anderweitig verwendet. Da er auch mit Strom heizt, war es eiskalt in der Bude. Dazu siffig und voller Müll. Von Essbarem ganz zu schweigen. Der einzige Platz, wo man es aushalten konnte, war das Bett. Darin lag Dave mit seiner derzeitigen Freundin.
Mir blieb nichts anderes übrig, als mit ihnen unter die Decke zu kriechen.
Ich konnte es kaum ertragen, zu sehen, in was für einer Situation er lebte. Das war aus ihm geworden.

Und es tut mir ebenso weh zu sagen, dass Dave alle

seine Freundinnen verprügelt hat, teilweise sehr heftig. Dafür wurde er von deren Vätern und Brüdern ebenfalls zusammengeschlagen und mir fällt nichts anderes ein als zu denken: Gut so! Das hat er verdient!
Eines Abends rief er mich an, so voller Wut und Hass, wie ich ihn selten erlebt habe, um mir mitzuteilen, dass er auf dem Weg zu der Familie seiner Ex sei. Weil die Eltern ihn rausgeworfen hatten, wollte er Rache! Er würde deren Haus in Schutt und Asche legen.
All mein Bemühen, beruhigend auf ihn einzureden, scheiterten. Zufällig hatte ich die Telefonnummer der Leute. Wollte sie warnen. Versuchte verzweifelt, sie zu erreichen. Immer wieder rief Dave zwischendrin an. Hatte er Angst vor sich selber?
Ich sah nur noch den Ausweg, die Polizei zu informieren. Ich war ja 100 km entfernt, konnte nichts ausrichten. Was, wenn er einen Amoklauf veranstaltete!
War er dazu in der Lage? Ich musste an seine eigenen Worte denken: „Ich sehe dann rot."
Kurz bevor Dave am Haus angelangt war, hatte ich endlich die Eltern erreicht und gewarnt.
Es ging gut! Dave rief mich sogar selbst an und gab Entwarnung.

Verstehe einer dieses Kind.

Ein anderes Mal hatte ich eine seiner Freundinnen in höchster Aufregung und bitterlich weinend am Telefon: „Der Dave ist verschwunden!" Er wäre so fertig und verzweifelt gewesen, hätte von Selbstmord geredet und das Haus verlassen.
Ich fuhr hin und wir suchten die halbe Nacht.

Wir fanden ihn dann auch völlig fertig und zitternd am Flussufer.
Es dauerte lange, bis ich ihn einigermaßen beruhigen konnte. Dabei weiß ich nicht, was überhaupt los war.
Er bettelte, dass ich bleibe.
In meiner ganzen Not hab ich laut zu Gott geschrien, ihn angebrüllt, wie lange er denn noch vorhabe hier zuzuschauen. Ich habe ihn angebettelt, sich doch zu zeigen, wie auch immer. Nur, da zu sein!
Hinzuschauen, auf die ganze Verzweiflung von Dave, seiner weinenden Freundin und auf meine ganze Ohnmacht, allem gegenüber.
Währenddessen geschah mit Dave eine große Veränderung.
Er wurde ruhig, ganz ruhig.
„Jetzt kannst du fahren, Mama!"
„Jetzt geht es wieder!"

Ich war dennoch mit meinem Latein bei Dave völlig am Ende. Weder wollte noch konnte ich seine Situation länger ertragen. Und das Drama mit ansehen auch nicht mehr.
Der Betreuer warnte mich vor Co-abhängigkeit.
Ich reduzierte den Kontakt.
Aber dabei fühlte ich mich mies, so mies!
„Dein Kind, das im Elend steckt, lässt Du fallen."
Diese und ähnliche Stimmen verklagten mich immerzu.

Ich sank immer tiefer in meine depressive freudlose Welt, in der ich mir so meine eigenen Freuden verschaffte.
Ich war selber krank. Am Ende. Allein! Und ohne wirkliche Hilfe! Ich war ja zu der Zeit noch voll in meiner eigenen Verzweiflung gefangen.

Dann kam eine ganz schreckliche Botschaft.
Dave rief an.

„Mama, setz Dich mal hin… Ich hab Scheiße gebaut…
Ich hab jemanden niedergestochen! Ich weiß von nichts mehr. Aber es war mein Messer! Meine Hände und Klamotten, alles voll Blut!“
Das Opfer lag eine Woche auf der Intensivstation und kämpfte ums Überleben.
Dave in U-Haft, man hat ihn allerdings gehen lassen, als keine Lebensgefahr mehr bestand.
Mein Kind war fast zum Mörder geworden!
Dieser Gedanke war so ungeheuerlich für mich, dass ich mich übergeben musste.
„Mir ist alles egal, wenn ich dich noch Mutter nennen darf!“

Wie geht man damit um?
Ja, ich hab ihm versichert, dass er immer mein Kind bleiben würde, allerdings brauchte ich Zeit, das jetzt erst mal zu verdauen.
Auch meine Liebe würde bleiben, allerdings gepaart mit riesigem Schmerz und Enttäuschung.
Hoffentlich, hoffentlich würde diese Sache bei ihm ein Zur-Besinnung-Kommen auslösen.
Hoffentlich würde es ihm die Augen öffnen, dass er am äußersten Rande des Abgrundes steht.
Hoffte ich…
Bei der späteren Gerichtsverhandlung konnte der tatsächliche Sachverhalt nicht geklärt werden. Alle Beteiligten, selbst das Opfer, waren hoffnungslos zugedröhnt gewesen. Es gab für Dave keine Gefängnisstrafe.
Ein paar Wochen später, es ging auf Weihnachten zu, rief

er an und bat, an den Feiertagen heimkommen zu dürfen.
Der Betreuer warnte mich, es nicht zu tun.
David bettelte, er würde so gerne kommen.
Er würde mich so gerne sehen und bei mir sein.
Und er versprach mir, mich nicht zu enttäuschen.

Wie bekloppt man als Mutter zu handeln fähig ist, das sollte mir in diesen Tagen zu einem Paradebeispiel werden.
Er reiste an!
Kam, vereinnahmte und stellte alles unter seine Regie.
Er brachte so eine Unruhe mit, derart anstrengend, besitzergreifend und manipulierend, dass man vom ersten Augenblick an hilflos zwischen Welten und Fronten gefangen war.
Zwischen unserem Miteinander kamen ständig SMSen, sogar Telefonate von seinen Kumpels und Freundinnen auf meinen Apparat.
Und gleichzeitig liefen Kontakte übers Internet. Dazu diese krasse Unruhe indem er mir signalisierte: „Ist das hier öde, langweilig!"
Party machen, checken, was man mal tun könnte, wohin ich ihn mal bringen oder wen er einladen könne. Dann Streitereien am Telefon mit irgendwelchen Leuten.
Ich wusste nach ein paar Stunden nicht mehr, wie ich die Zeit mit ihm überstehen würde.
So fuhren wir am Heilig Abend noch zu gemeinsamen Freunden… bis spät Nachts. Am nächsten Abend ließ ich mich überreden mit ihm – im Grunde genommen ihn, dabei fungierte ich als Chauffeur und Finanzierer – in eine Disko zu fahren.

Dort betrank er sich auf meine Kosten, stellte ich aber erst fest, als ich zur Kasse gebeten wurde.

Zwischendurch provozierte er eine Schlägerei. Im Versuch, Schlimmeres zu verhindern, ging ich dazwischen. Die eine Partei ließ sich beschwichtigen, aber mein Sohn provozierte so lange weiter, bis die Raufenden draußen vor der Türe weitermachten.
Wie weit würde das gehen? Hatte er ein Messer dabei?
Ich wusste es nicht?
Die Eskalation konnte zum Glück verhindert werden.
Ein Bekannter, den ich dort traf, sagte ganz traurig zu mir: „Ich werde das wohl nie erleben, einmal mit meinem Sohne gemeinsam eine Disko zu besuchen.“ Für ihn wäre das das Größte gewesen. Er hatte von dem Stress nichts mitbekommen.
„Sei froh“, dachte ich!
Wir fuhren heim! Dave völlig im Unverständnis, was ich jetzt schon wieder habe.
Zuhause angekommen redeten wir lange.
Ein Gespräch, das an Schizophrenie wohl nicht zu übertreffen war. Entweder klammerte er sich an mich wie ein Baby: „Ich hab dich so lieb…“ oder er schrie mich an, wie naiv, dumm und weltfremd und ohne Ahnung ich sei.
Dann erzählte er von seinen Machenschaften als Hehler einer Autoschieberbande. Erklärte mir, dass man doof wäre, wenn man arbeiten würde, wo das Geld doch auf der Straße liege. Und bis jetzt habe er immer die Menschen dahingehend manipulieren können, dass sie tun, was er will!
Irgendwann bin ich gegangen.
Gerade eingeschlafen, kam er an mein Bett, jammernd und heulend: „Mama, Mama, Du musst mal mit Jessica reden, sie will Schluss machen!“
Ich versuchte mich zu entwinden, da schrie er und tobte, randalierte wie ein Wilder, bis ich zum Telefon griff, um die

Situation irgendwie in den Griff zu bekommen.
Lange redete ich mit dem Mädchen, allerdings konnte ich sie doch allzu gut verstehen!
Irgendwann war sie bereit, nochmal beruhigend mit Dave zu sprechen. Was macht er? Nimmt das Telefon und schmeißt es an die Wand!
Da bin ich ausgerastet. Hab ihn angebrüllt, wie krank, wie babyhaft und hysterisch sein Verhalten ist.
Daraufhin verließ er das Haus, laut lamentierend, dass er es nie wieder betreten würde!
Draußen war es minus 15 Grad, ein ganz kalter Winter! Betrunken, wütend und unzurechnungsfähig verschwand er.
Ich legte mich wieder hin. Aber mit Schlafen war es nichts.
Nach einiger Zeit bin ich dann los, nach ihm suchen.
Ich fand ihn im Garten. Schlafend!
Das hatte ich mir gedacht!
Was hätte ich tun sollen?
Er wäre erfroren!
Das war seine Art der Manipulation.
Ich bettelte, dass er wieder rein kommen möge!
So hatte er den Sieg!
Ich weiß aber auch, dass nicht viel fehlte und ich hätte ihn Zwangseinweisen lassen!

Für den nächsten Tag hatten wir eine „Draußenparty" am alten Herd geplant.
„Ich helfe Dir!" waren seine großmütigen Worte.
Klar! Er schlief, bis die ersten Gäste kamen.
Freunde halfen, draußen ein paar Schutzfolien, Stühle, Bänke und Feuerstellen aufzustellen.
Ich stand Stunden in der Küche. Ich war so müde! Ich hatte ja nicht geschlafen.

Ich gebe zu, es war für mich eine schöne Abwechslung, nach diesem Chaos mit vielen lieben Menschen zusammen zu sein. Und ich weiß, dass sie auch kamen, um mich mit Dave zu entlasten. Denn wir beide alleine, das war fast grausam. Und es wurde schön!
Für ein paar Stunden konnte ich vergessen.
„Weck' mich morgen zum Helfen!" sagte David.

„Lass mich in Ruhe!" sagte Dave, als ich ihn weckte.
Vier Stunden lang räumte ich Tische und Stühle, spülte und putzte. Grundsätzlich macht mir das nichts aus. Das war der Abend wert. Als alles fertig war, stand Dave auf.

Ich bat ihn, seine Sachen zu packen und brachte ihn zurück.
„Mama, was hab ich denn gemacht, warum bringst du mich zurück?"
„Diese Frage beantworte dir selbst. Wenn du die Antwort kennst, sag sie mir und wir reden weiter. Aber jetzt möchte ich Abstand nehmen!"

Und das war für mich ein großer Schritt nach vorne.
Ich erkannte erstmals, dass ich selbst, gerade als Mutter, nie etwas an Daves Leben ändern würde.
Erstmals sah ich, dass es sich um zwei selbstständige Leben handelt. Und nicht, wie bis dahin mein Gedanke, dass ich als Mutter verpflichtet bin, zu bringen. Ganz einfach aus dem Grunde, weil ich das Privileg habe, Mutter zu sein! Erstmals war mir egal, in den Augen anderer als Rabenmutter zu fungieren. Mein Gewissen sprach mich frei! Endlich!

Einige Monate vergingen, als ich auf meinem Telefondisplay Daves Nummer aufleuchten sah.

Ich meldete mich erstmals nicht zurück!
Er startete mehrere Anläufe und ich ahnte, dass da wieder etwas im Busch ist.
Naja, irgendwann nahm ich dann doch den Anruf entgegen.
„Mama, setz Dich mal hin."
Oh nein, nicht schon wieder!

„Du wirst Oma."
Klasse, er hatte ein 16 jähriges Mädchen geschwängert!
„Freust du dich denn gar nicht?"
„Welche Zukunft bietest du Mutter und Kind? Bist du bereit, für sie zu sorgen? Bist du bereit, Verantwortung zu übernehmen?" war meine Gegenfrage.
„Ach Mama, was du immer hast!"

Einige Wochen darauf bat er mich, seine schwangere Freundin hier bei mir aufzunehmen. Die Niederkunft stand bevor und er musste für längere Zeit weg.
„Wohin? In den Knast?" fragte ich arglos.
„Natürlich ist das dein erster Gedanke."
„Nein Dave, ich werde das Mädchen nicht aufnehmen! Dem fühle ich mich nicht gewachsen. Ich kenne weder die Situation, noch das Mädchen!"
„Dann hast Du ab sofort keinen Sohn mehr und ich keine Mutter! Du warst immer ein großes Vorbild für mich, aber das bist du schon lange nicht mehr!"
Mit diesen wütend hervorgebrachten Worten beendeten wir unseren Kontakt…

Ja, das alte Verklagen „Rabenmutter, Rabenmutter" wollte wieder aufwallen.
Aber ich merkte, dass es seine Macht verloren hatte.

Dieses alte Modell, sich immer für alle verantwortlich zu fühlen, das mein Leben geprägt und mir auch viel Schmerz eingebracht hatte, war zerfallen.
In der gleichen Zeit stand mein Bruder wieder vor dem Nichts. Verspielt, verlebt, unverantwortlich gehandelt, ohne Wohnung, ohne Auto, ohne Arbeit… vor meiner Türe.
Es ist schwer, Menschen, die zur Familie gehören, im eigenen Mist ersticken zu sehen. Und es ist noch schwerer, wenn man selbst ein ganzes Haus zur Verfügung hat, trotzdem nein zu sagen. Zumal mein eigener Vater in seiner Krankheitszeit die Last in Worten auf mich legte: „Kümmere dich um den Jamie, der kann alleine nicht leben!"

Aber ich weiß, dass gerade das Dinge waren, die ich lernen musste. Wieso war ich auserkoren, Retter und Diener zu spielen?

Lange glaubte ich durch falsch verstandenes Christentum, Humanismus und Prägung, dass das alles zu meiner Pflicht gehört.
Aber ich weiß: Jetzt bin ich dran!
Und ich weiß auch, dass ich erkennen werde, wo mein Plan, mein Sinn, mein Weg, der mich erfüllen wird und meine Aufgaben liegen!

Ich habe gelernt, nein zu sagen, mich endlich gegen die Menschen zu behaupten. Und wenn es mein eigenes Fleisch und Blut ist.

Ich bin ein freier Mensch! Endlich!

Kapitel 7
Was bleibt?

Freu dich am Herrn,
und Er wird dir geben, was dein Herz wünscht.
Überlass dem Herrn die Führung deines Lebens
und vertraue auf Ihn,
Er wird es richtig machen.
Sei ruhig in der Gegenwart des Herrn
und warte, bis Er eingreift.

Psalm 37, 4-5.7

Warten?
Aushalten?
Dahinvegetieren, ohne großen, erkennbaren Sinn?
Das Leben an mir vorbeirauschen lassen?

Mittlerweile habe ich einen schönen Job in einem Bergbaumuseum gefunden und einen lieben, gutmütigen, verständnisvollen Chef!
Finanziell erst einmal geschützt.

Wie gerne würde ich mein Dasein mit einem lieben Mann teilen.
Nein, diese Zeit würde nicht in meinen Händen liegen.
Ich kann suchen, schauen, finden! Aber erkennen, wer der

Richtige für mich ist, mit wem ich würde leben können? Oder überhaupt, wann, wo, wie ich ihm begegnen würde, all das liegt einfach nicht in meinem Machtbereich.
Der Mensch sieht, was vor Augen ist. Man kann so viel vorgaukeln. Aber Gott sieht das Herz!
Und deshalb bin ich drauf angewiesen, mir von Ihm zeigen und geben zu lassen.
Sicher frage ich mich oft: Wird Er mir meinen Wunsch tatsächlich noch erfüllen?

Also bleibt das Abwarten. Im Stillhalten an sich liegt schon ein gewaltiger Sinn. Ein sich selbst begegnen, ein sich selbst ertragen, aushalten und langsam annehmen und lieben lernen.
Wenn Gott ist, dann ist auch mein Leben hier unten nicht ohne Sinn! Auch wenn ich diesen Sinn nicht sehe ist er da. „Eines Tages wirst Du mich wieder loben".

Sehe ich meine Person immer noch zu sehr mit einem Partner verknüpft?
Habe ich dieses Sehnen tatsächlich ganz abgegeben und in Gottes Hand gelegt?
Lasse ich meine eigenen Finger dabei endlich aus dem Spiel?
Diese Antwort sollte ich finden!
Jedoch völlig anders, als ich es mir ausgemalt hätte.
Und mit welchem Resultat!

Gottes Mühlen mahlen langsam aber gründlich.

Kapitel 8

Zukunftsgeflüster

»Und dies ist mein Bund mit ihnen«, verkündet der Herr: »Mein Geist und die Worte, die ich euch gegeben habe, werden bei euch bleiben. Sie werden immer auf euren Lippen und den Lippen eurer Kinder und Enkel sein, von nun an bis in Ewigkeit«, spricht der Herr. »Steh auf und leuchte! Denn dein Licht ist gekommen und die Herrlichkeit des Herrn erstrahlt über dir. … über dir strahlt der Herr auf … Deine Söhne kommen … deine Töchter … Sie alle bringen dir … froh machende Botschaft von den großen Taten des Herrn … Dafür, dass du früher verlassen und verachtet warst, gebe ich dir jetzt für immer besondere Größe … Ich, der Herr, werde all dies zu seiner Zeit schnell tun.«

Jesaja 59,21 + 60

Wie wunderbar ist das denn!
Zu wunderbar um es für mich persönlich anzunehmen. Genau diese Gedanken bewegten mich jedes mal, wenn ich meine ganz persönlichen und zahlreichen Zukunftsverheißungen durchlas. Und das tat ich oft.
Er hat es mir schon oft und auf vielerlei Weise zugesagt, versprochen, mit einem Eid unterstrichen und mit einem Bund bekräftigt, doch ich hab immer wieder die gleiche Frage: Meinst Du mich? Aber *ich* doch nicht, wer bin ich schon…

Und was macht Gott? Er spricht weiter.
Gerade als ich mich zum zigsten Male frage, ob ich damit wirklich gemeint sein könnte, stolpere ich über folgende Worte, die wie ein Blitz einschlagen:
Da ging König David hinein, setzte sich vor dem Herrn nieder und betete: »Wer bin ich, Gott, mein Herr, und was ist meine Familie, dass du mich so weit gebracht hast? Und jetzt, Gott, mein Herr, gibst du mir und meinen Nachkommen zu allem anderen auch noch eine Zusage, die bis in die ferne Zukunft reicht. Ist das allen Menschen bestimmt, Gott, mein Herr? Was kann ich noch zu dir sagen? Du kennst mich, deinen Diener, genau, Gott, mein Herr. Weil du es zugesagt hast und weil es dein Wille war, hast du all dies Große getan und es mich erkennen lassen. (2. Samuel 7,18-21)
Und jetzt, Herr und Gott, tu, was du mir und meiner Familie zugesagt hast und bestätige diese Zusage für alle Zeiten. Dann wird dein Name für immer groß sein und überall wird man sagen: 'Der Herr, der Allmächtige, ist Gott...' Allmächtiger Herr, Gott Israels, ich wage es, so zu dir zu beten, weil du mir offenbart hast, dass du mir ein Haus bauen willst! Denn du bist der wahre Gott, Gott, mein Herr. Deine Worte sind Wahrheit, und du hast mir, deinem Diener, all dies Gute zugesagt. Jetzt segne die Familie deines Dieners, damit sie für immer vor dir Bestand hat. Du selbst hast es zugesagt und wenn du deinem Diener und seiner Familie einen Segen gewährst, Gott, mein Herr, so ist es ein Segen für immer!« (2. Samuel 7,25-29)

Welche Mühe verwendet Gott darauf, mir diesen Mut und diese Zuversicht ins Herz zu schreiben.
Und dass genau diese innere Stabilität ein Grundpfeiler des Seins ist: Das Wissen um eine gewaltige Liebe des größten Wesens des Universums zu uns! Zu Mir! Und Seine Fürsor-

ge hier auf der Erde für den Einzelnen.
Gott war sehr bemüht um mich. Er liebte mich systematisch an sein Herz zurück! Eine echte, tiefe Herzenssymbiose wuchs heran.

Teil 3

Wenn das Leben neue Geschichte schreibt (Wenn man denkt, es passt)

Die Anforderungen waren zu groß,
der Druck zu stark,
der Anspruch an Perfektion zu hoch,
die Einforderung zu funktionieren zu extrem,
die Erwartung der totalen Hingabe dominant,
die Härte bei Schwachheit zu krass,
die Gnade bei Versagen trotz enormen Bemühens
wenig vorhanden,
die Geduld, Unsicherheiten zu tragen, gering,
das Aufbegehren bei mangelndem Vertrauen
in Deine Person massiv,
Deine Gelassenheit wie eine tickende Bombe.
Du hast mich gemolken bis die Milch alle war.
Du hast alle meine Hilfeschreie als Aufbegehren geahndet…
War das Liebe?? Niemals!!

Das Wesen von Liebe ist Vollkommen anders.
Du hast ein Betätigungsfeld gesucht, um Dich zu leben und mich passend dazu abgerichtet.
Das Ergebnis von all dem liegt jetzt aufgedeckt vor Dir.
Trag es wie ein Mann, der sich vor Gott beugt und Kraft dieser Stärke weiter pilgert.

Die Frau, die an Deine Liebe glaubte.

Bei dir zählt nur was zu gewinnen ist, du willst alles haben
Und du zielst auf jedes Hindernis, mit offenen Armen
Wenn du spielst geht nebenbei so viel kaputt,
Doch das macht dich an
Was du suchst so bald du's gefunden hast,
Ist alles getan

Beinah! Hättest du auch noch mich bekommen,
Das ist schon nicht schlecht
Beinah! Wär ich dir nicht entkommen
Doch ich bin weg
Beinah! Hättest du auch noch mich bekommen
Das verdient Repekt
Beinah! Wär ich dir nicht entkommen
Tja; so 'nen Pech!

Ich lass dich gern in deiner Welt allein
Wie kann jemand so hübsches nur so hässlich sein
Du kriegst was du willst, willst alles und nimmst noch mehr
Doch ich lauf dir jetzt nicht mehr hinterher
Weil du nur mit falschen Farben malst
Hab ich ein Bild von dir, das nicht mehr strahlt

CLUESO
Beinah

Lasst euch stattdessen einen neuen Geist und ein verändertes Denken geben … ein neues Wesen annehmen … mit aller Demut und Sanftmut einander ertragend in Liebe … denn wer seine Frau liebt, liebt sich selbst. (EPHESER 4,2.23-24 + 5,28)

Kapitel 1

Das Jahr der Veränderung

Wieder sind einige Jahre ins Land gegangen.
Wieder haben sich die Ereignisse überschlagen, wie ich es nie für möglich gehalten hätte.
Und ich frage mich, wie ich das jetzt alles so der Reihe nach auf's Papier bringe, um euch teilhaben zu lassen an einem Weg, der sowohl verwunderlich als auch so ungewohnt über mich einbrechen sollte, dass ich mich zuerst einmal mit einer völligen Verwirrung, aber auch Irritation, zurechtfinden musste. Ich glaubte, es sei der Weg der Liebe.
Liebe? Die Liebe Gottes zu mir ebenso, wie die Liebe eines Mannes, bereit, sein Leben mit mir zu teilen?

Wenn ich nun diesen Lebensabschnitt schildere, wird so manchem Leser klar, wie sehr sich Wunschdenken und Realität vermischen können und zur Blindheit, Irritation bis hin zu Selbstbetrug und Blendung führen. Und alles, was einem auf diesem Weg begegnet, wird gedeutet.
Und wie gedeutet? Zu Gunsten des Wunsches!

Mein Nährboden dafür war auf's Feinste vorbereitet.
Wieder mal!
Dann kommt mir der Gedanke: Wie doof muss man sein!
Wie oft fällt man rein! Wann wird man je verstehen...

Die Reise, von der ich nun berichten möchte, begann eben mit diesem Gebet, nämlich mit dem Wunsch in meinem

Herzen, doch einen Sinn in diesem Dasein zu erkennen, ganz persönlich für mein Leben!

Es war in einer Silvesternacht.
Wie vieles in solchen Nächten gewünscht und versprochen wird, darauf möchte ich jetzt nicht eingehen. Ich will erzählen, was mir geschah.
Wünsche sich niemand, den Sinn des eigenen Lebens zu finden, ohne nicht bereit zu sein, dabei eine Menge Federn zu lassen. Man muss nämlich seinen mühsam angelegten Panzer ablegen, um zur wahren Identität vorzudringen.
Damit beginnt nämlich die Sinnfrage.
Und ich hatte sie gestellt!!!

Kaum zu Ende gedacht, meldet sich in mir eine deutliche Wahrnehmung der Worte:
Das Jahr der Veränderung!

Ganz leise, ganz sanft stieg in mir die Gewissheit auf: Die Veränderung muss in mir selbst erst manifestiert werden. Und zwar zu einer stabilen Instanz, die Stürmen trotzt!
Das wurde mir klar anhand eines Bibelwortes, das mich schon oft umtrieben hatte. Hatte es tatsächlich seine Bedrohung in meinem Herzen verloren, indem es sich von der Sprache eines unerbittlichen, harten Gottes wandelte, zu sanften Worten eines liebenden Wesens?
Wohlgemerkt, die gleichen Worte veränderten ihren Sinn in mir selbst.
„ … erst wenn du ganz zu mir zurückgekehrt sein wirst und mich als meinen Ehemann annehmen wirst, werde ich dir geben, was dein Herz wünscht …“

Gott als Ehemann… lächerlich! Was Der von einem einfordert! Ich will doch keine Nonne werden!!
Wie kann ein Satz über Jahre Kämpfe in einem auslösen, nur, um am Ende zu dieser Gewissheit anzuschwellen, wie lieb und gut diese Worte in Wahrheit gemeint sind:
Lass einfach los und lass mich machen!

Konnte ich endlich mein Okay dazu geben? Eine Herzensentscheidung ganz neu treffen? War es endlich möglich, mit mir weiter zu gehen?
Was nun folgen sollte, war eine neue, doch sehr entscheidende innere Zurechtbringung. Eine Sehnsucht, endlich ganz los zu lassen: Den Wunsch nach einem Mann. Die innere und äußere Suche danach. Dieses Kapitel getrost und egal mit welchem Ergebnis, ganz in Gottes Hände zu legen.
Doch wie gewaltig schwer trotz alledem!
Und wenn jetzt jemand denkt, ich hätte nun endlich etwas begriffen, der irrt.
Ich hatte einen gewaltigen, weiteren Umweg zu gehen. Einen wieder mal selbst gewählten. Mit einem manipulativen Selbstbetrug.

Loslassen und Vertrauen!

Davon soll mein nächstes Kapitel zeugen!
Ein offenes Kapitel.
Ein Kapitel ohne Antwort.
Ein Kapitel, das mir die enorme Kraftquelle erneut offenbaren sollte, allerdings meiner Vorstellungen völlig entgegengesetzt. Und doch… ein niederschmetterndes Kapitel, aus dem ich unvorstellbarer Weise sehr dankbar hervorgehen sollte. Das war Antwort genug!

Kapitel 2

Wie Isaak und Rebekka? (Auf den Leim gegangen?)

Wer hat nicht den Wunsch in sich, dass man seinem Gegenstück begegnen darf wie einst Isaak und Rebecca?

Sie erkannten sich, so heißt es von ihnen.

So auch lebte die Vorstellung in mir.

So wollte ich den finden, der zu mir gehört!

Und genau so hatte ich ein Profil von mir in einer christlichen Kontaktbörse stehen.

Ich möchte einen Ausschnitt davon hier festhalten, um das Bild ein wenig auszumalen:

Bin neugierig, wer sich hier außer mir so alles tummelt.
Aber ich möchte nicht krampfhaft suchen!
Ich warte auf Fügung, Bestimmung, wie soll ich es bezeichnen?
Und ich weiß nicht, wo das sein wird, wann und ob überhaupt.
Aber wenn, werde ich es erkennen.
So wie bei Isaak und Rebecca.
Findet ihr das naiv?
Ich nicht, denn anders geht es für mich nicht!!
Und dann fragt ihr euch wahrscheinlich als nächstes:
Wieso steht sie denn dann hier drin?
Selbst die Frage kann ich euch nicht beantworten.
Man weiß ja nie.
Ich schreibe das jetzt nicht, weil ich hochmütig erhaben über

allem stehe, ganz bestimmt nicht! Sondern weil ich möglichst nicht verletzen will noch selbst verletzt werden möchte. Ich möchte einfach vorsichtig sein.

Monatelang stand mein Profil in dieser Börse. Hin und wieder schrieb ich mit jemandem, aber nichts rührte sich in meinem Inneren nach irgendeiner „Seelenverwandtschaft" oder dem Wunsch, mich näher auszutauschen.
Auch nachdem ich mich nochmal gelöscht und wieder angemeldet hatte, geschah nichts erwähnenswertes. So beschloss ich, mich ein zweites Mal zu löschen, da ich begann, es als sinnloses Unternehmen zu betrachten.
Doch diesmal sollte es anders kommen, denn sooft und letztendlich fast ärgerlich ich versuchte, mein Profil aus dieser Seite zu entfernen, es ging nicht. Es tat sich nichts.
Nach dem mehrfachen Versuch schrieb ich enttäuschte Worte an die Betreiber dieser Seite, sie möchten bitte die „Güte" besitzen, mich freizugeben und zu entfernen. Irgendwie glaubte ich sogar, man mache das extra, um Leute zu halten.
Am nächsten Tag schaute ich nach, ob man meinem Wunsch auch wirklich nachgekommen sei, nur um festzustellen, dass mir mein eigenes Foto unverändert entgegen schaute.
Ich wurde nie gelöscht, aber an diesem Tag entschied sich mein weiteres Schicksal.

Irgendwo, weit entfernt meiner Heimat, hatte ein Mann gebetet, Gott möge ihm, wenn es gut in Seinen Augen sei, eine Frau zur Seite stellen. Eine Geliebte, Freundin und Herzensverwandte, die ebenso die Menschen auf dem Herzen trägt und den tiefen Wunsch, helfen zu dürfen, an verwundeten Seelen!

Antwortete hier Gott?
Machte Er diesem Mann klar, dass er sich heute als suchend in dieser Börse anmelden solle, mit dem Gedanken, dass es die erste Frau sein würde, die ihm ein Lächeln (das war einen Gruß, den man verschicken konnte) senden würde.
Viele Gedanken schossen ihm da durch den Sinn, so wie er mir später berichtete. Was ist, wenn sie mir nicht gefällt, dick ist, hässlich, und und und.
Vertrau mir! Diese Worte übertönten seine zweifelnden Gedanken. Diese Frau war wie gesagt, ich.
An dem Tag, als mein Profil nicht gelöscht war, schickte ich ein Lächeln zu diesem Mann, der äußerlich so gar nicht meinem Beuteschema entsprach.
Wieso? Ich kann es nicht sagen. Einfach so, würde ich mal behaupten. Genau diese Frage war es auch, die ich dann als erste gestellt bekam. Neugier? Mag sein.

Ein gottesfürchtiger Mann und dazu noch jemand, der frei von all den religiösen Zaumziehereien zu sein schien, jemand, der aus liebendem Herzen und echten Absichten geleitet zu sein schien. Jemand, der die Worte: Liebe, Transparenz und Authentizität auf den Lippen trug. Jemand, der viel Zeit für Briefe und Telefonate mit mir verbrachte. Jemand, der sich durch meine ersten Antwortbriefe, in denen ich eine Menge Testfragen stellte, nicht abwimmeln ließ, wie all die anderen zuvor. Jemand, der sich wie eine Bulldogge, so sage ich heute, an mir festbiss!

Zuerst verliebte ich mich in die schönen Worte.
Später in die Stimme am Telefon. Das Äußere gefiel mir anfangs gar nicht. Lange, dünne Haare und ein endlos langes, dürres Gestell von über 1,90 Meter.

Er ließ sich später die Haare mir zuliebe sogar kürzen. Ich hab nichts gegen lange Haare, mir gefiel nur dieses spärliche Stroh nicht. Mit den volleren Haaren gefiel er mir dann richtig gut.

Was mir auch sinnbildlich erschien, war die Tatsache, dass er ebenfalls Malte hieß und sich sogar im Nachnamen nur mit einem einzigen Buchstaben vom Nordmann unterschied. Immerhin hatte ich ja lange gebetet, Gott möge ihn mir doch noch schenken, wir uns doch noch im Inneren finden dürften.
Hatte er mir den Wunsch erfüllt, jedoch indem er ihn mir in besserer Ausführung gab? Vom Nordmann zum Südstaatler, denn er kam aus dem Süden!
Eines Nachts jedoch hatte ich einen fürchterlichen Albtraum: Ich träumte immerzu von diesem Mann als „Wolf im Schafspelz“, um dann jedes mal schweißgebadet aufzuwachen.
Letztendlich beschloss ich, dem ganzen ein Ende zu setzen und morgens früh eine E-Mail zu verschicken mit dem Wunsch, den Kontakt zu beenden, da mein Vertrauen doch nicht so in voller Überzeugung für die Beziehung war. Aber ehe ich dazu kam, fand ich einen Brief vor, indem mir eben diese völlige Transparenz und Liebe versprochen wurde, mit der mutmachenden Aufforderung, alle Fragen zu stellen, die mir je auf dem Herzen liegen würden.
Die Zähmung des kleinen ängstlichen Vogels?
Ich jedenfalls begann aus dieser Hand zu picken.
Dann ereignete sich ein weiteres Puzzle-Teilchen, dass sich ins Ganze einfügte, nämlich die Aussage einer Freundin dieses Mannes. Bei einem Besuch erzählte sie ihm, dass sie wisse, wie seine zukünftige Frau sein würde… und sie wusste

nichts von meiner Person. Sie schilderte mich aber in vielen typischen Merkmalen und sagte zum Abschluss: „Und sie heißt Dorothy“.
Es war keine Erfindung Maltes, denn sie hat es mir ebenso bestätigt. Während er mir diese Begebenheit am Telefon schilderte, saß ich in der warmen Frühlingssonne an meinem Gartenteich und genoss unser Zusammensein am Telefon. Doch wurde ich immer noch von vielen inneren Fragezeichen getrieben. Daraufhin beschwerte ich mich: „Du trägst die Gewissheit in Dir, dass ich deine Frau bin. Du bekommst sogar Bestätigungen und ich?“ Ironisch füge ich hinzu: „Wieso kann Gott mir nicht auch mal ein klares Zeichen senden?“
Und in dem Augenblick lässt sich eine weiße Taube vor meinen Füßen nieder. Wenn man bedenkt, dass ich in einer Gegend aufwuchs, in der ich niemals weiße Tauben gesehen habe, war es schon etwas Außergewöhnliches.
Abends erzähle ich diese Situation einer Freundin und bevor ich die Taube erwähnen konnte, sagt diese: „...Und dann landete eine Taube vor deinen Füßen!“.
Taube, das Symbol als Bindeglied zwischen Himmel und Erde. So kam ihr dieser Gedanke. Was soll man da sagen?
Einige Zeit vergeht mit langen, endlosen Telefonaten, zu lange um gesund und natürlich zu sein, sage ich im Nachhinein. Aber in der derzeitigen Situation war ich geschmeichelt. Wieder mal!
Zeit hatte dieser Mann zu Verfügung und noch längere Nächte, die er am PC mit Schreiben verbrachte ... mit Kontakten aus christlichen Foren, wo er vorwiegend Hilfesuchenden Frauen mit Rat zur Seite stand.
Warum versagte mein inneres Alarmsystem?
Deshalb wird es jetzt Zeit, mal etwas von seiner Person zu

erwähnen.
Er schickte mir seine Lebensgeschichte und zwar eine solche, wie ich in seiner Grausamkeit zuvor niemals persönlich gehört hatte: Sexueller Missbrauch durch die Mutter! Misshandlung durch den Vater, bis hin zu Noteinweisungen in die Klinik. Gewalt ging so weit, dass der Vater die Mutter die Treppe herabstürzte und diese dadurch ihre Zwillinge im Bauch verlor. Oder er steckte den Kopf der Mutter in den heißen Backofen.
Der damals kleine Junge Malte wurde regelmäßig in einer dunklen Kammer eingesperrt, wo er laut nach Gott schrie, der ihn nicht hörte.
So nahm er immer mehr Kontakt zu einer unsichtbaren Geisterwelt auf und verstrickte sich schon in jungen Jahren in Okkultismus, den er dann später für sich selbst nutzte, da es ihm Macht vermittelte. Macht und Manipulation, darin wurde er Meister. Ein Offizier der Finsternis, so nannten ihn die Insider.

Alkohol und sozialer Niedergang waren die Folgen.
Klinikaufenthalte, die ihm helfen sollten, seine vielen Traumata zu verarbeiten, folgten.Schreckliche Albträume begleiten ihn bis zum heutige Tag! Aber in sein Leben trat eine Wende, als ihm Jesus begegnete.
Von da ab wechselte er die Seite.
Von da ab war er fromm!
Von da ab möchte er der Menschheit dienen. Solchen Menschen mit solchen Leben wie er es hatte, helfen.
Dadurch war es ihm möglich, sich in all diese kaputten Psychen hineinzuversetzen.
Jetzt weiß er, wofür er diesen harten Weg gehen musste!
… Und er konnte helfen!

Die Menschen suchten ihn auf. In einer Klinik wurde er Patientenbegleiter mit viel Resonanz! Ganz ohne Ausbildung, ehrenamtlich, weil er seine Rente als Lebensstütze hatte. Dieser Mann beeindruckte mich. Zu diesem schaute ich empor!
Und doch: In mir nagte der Zweifel, bohrend!
Aber Malte verstand es, mir klar zu machen, dass sich dieser Zweifel nur durch mangelndes Vertrauen in seine Person ausbreiten kann. So bekämpfte ich dieses Gefühl in meinem Inneren und ließ mich auf das Wagnis ein!
Eines morgens werde ich wach und bin ganz benommen von einem sehr realistischem Traum, indem ich ganz deutlich die Worte vernehme: „Mache dich auf, deinem Bräutigam entgegen!"
Genau diese Worte wurden damals dem Isaak gesagt, als er der Rebecca begegnet!
Ich interpretierte sie als Zeitpunkt der ersten Begegnung. Und so beschlossen wir, dass ich die Reise in die etwas entferntere, wunderschöne, bergige Landschaft startete, die seine Heimat ist.
Da er kein Auto hatte, fuhr ich zu ihm!

Aufgeregt, aber voller Vorfreude, auch mit Angst, startete ich bei schönem Frühlingswetter mit meinem Cabrio meinem Bräutigam entgegen.

Etwa auf der Mitte der Strecke, nahe einer großen Stadt – ich befand mich auf einer achtspurigen Autobahn – geschah es. Ein anderer PKW scherte aus und drängte mich bei einer Geschwindigkeit von 160 km/h von meiner Spur ab.
Um nicht zu kollidieren wich ich aus, wobei ich ins Schlenkern geriet und gegen die linke Leitplanke prallte. Dann

schleuderte ich bei vollem Gegenverkehr über alle vier Spuren, bis ich von der rechten Leitplanke, entgegengesetzt der Fahrtrichtung, aufgefangen wurde, um endlich zum Stehen zu kommen.
Das Verblüffendste aber ist, dass sich weder der Airbag öffnete, noch ich selbst irgendeine Erschütterung verspürte. Es war, als wenn das Innere des Wagens völlig in Watte verpackt gewesen wäre.
Einer der Polizisten, der am Unfallort erschien, äußerte ganz trocken: „Das nenne ich ja mal sauber eingeparkt."
Aber er erwähnte eben auch, dass das alles nach einer wunderbaren Bewahrung aussieht. Eben fast unglaublich!
War das das Ende meiner Reise?
Nach einigem Abchecken war klar, dass das Auto zwar seitlich völlig zerdrückt, jedoch die Fahrtüchtigkeit nicht beeinträchtigt war, zumindest bei Tageslicht, denn die Lampen waren hin und die Türe ließ sich nicht mehr öffnen.
Wie ich die Polizisten dazu gebracht habe, mich weiterfahren zu lassen, ist mir ein Rätsel. Sie gaben mir jedoch über eine längere Strecke Geleitschutz und ließen mich dann ziehen. Ein befreundeter Polizist sagte später, das Auto hätte sofort stillgelegt werden müssen.
Der Schock, den ich davontrug, machte sich allerdings erst Stunden später bemerkbar, durch Schüttelfrost und Müdigkeit. Aber da war ich ja anderweitig sehr stark vereinnahmt, mit all den neuen Eindrücken!
Was hatte das nun alles zu bedeuten?
War es eine Warnung, ein Appell zum Stopp? Noch mal inne zu halten und alles aufrichtig zu überdenken?
Ja! Sage ich heute! Aber ich war nicht mehr bereit, zu hören! Dafür steckte ich emotional schon zu tief drin. Und ich hatte ja einen Mann, der immer für einleuchtende Argumente

sorgte. Diesmal, dass da jemand, nämlich der Gegenspieler, unter allen Mitteln versuchen will, dass so eine wunderbare, gesegnete Beziehung „zum Dienste der Menschheit“ verhindert werden soll… Naja, eine sehr schmeichelhafte und von sich selbst überzeugte Einstellung, die mein Ego kitzelte.

Der Unfall war finanziell gesehen kein Schaden, denn ich bekam eine gute Summe von der Versicherung und konnte das Auto mit der betagten Kilometerleistung gegen ein hochwertigeres ersetzen! Und das Erlebnis dieser wunderbaren, liebevollen Bewahrung möchte ich nicht mehr missen!

Sehr schnell beschlossen wir, dass wir zusammen bleiben wollten, um unser Leben miteinander zu teilen.
Da Malte Rentner war, wobei ich die tatsächliche Diagnose eigentlich nicht wirklich kannte (Psyche und Rücken), war er ungebunden und so zog er sehr bald zu mir!

Wir beschlossen zu heiraten. Allerdings schob ich den Termin immer wieder hinaus. Die elenden Zweifel.
Sie nahmen nicht ab, im Gegenteil, sie verstärkten sich in dem Maße, in dem ich Malte weniger einordnen konnte.

So nach und nach fiel mir auf, dass sich Malte als ein „Werkzeug aus Gottes Gnaden“ verstand, eben um den Menschen zu helfen, ihre Schwächen und Störungen zu erkennen und beheben. Er schaute alles und jeden unter diesem Blickwinkel an. Beurteilte und therapierte. Auch mich und mich am härtesten und ständig.

Den Menschen gefiel diese ungeteilte Zuwendung und Aufmerksamkeit. Die Zeit, die ihnen geschenkt wurde und der

Durchblick, den sie erlebten. So kamen sie in unser Haus. Wurden versorgt, umschmeichelt und umworben. Verständnisvoll und liebevoll. Und aufgeknackt!
Das gefiel nicht jedem, und die, die sich abwandten, wurden zu „Feinden."
Das schlimme war, ich wurde ebenso, je länger, desto mehr zum Feind.
„Wie guckst du? Was denkst du? Bist du wieder ungeduldig? Vertraust Du mir wieder nicht?"
Oft wurden Dinge in mich hineininterpretiert, die gar nicht vorhanden waren, aber ich fraß sie. Ich war permanent der Sündenbock, der um Entschuldigung bitten musste, das Dööfchen, dass belehrt werden musste. Wurde zu einer Frau, die immer in Konkurrenz zu all den anderen getrieben wurde, verglichen mit Stars im Fernsehen, mit den Frauen die ins Haus kamen, um sich hier wohl zu fühlen.
Ich ließ mir zeigen, wie man einen Tisch abwischt – den Tisch, den ich selbst liebevoll restauriert habe! – was ich den Pensionsgästen zu sagen hätte, wie mit meinem Sohn zu verfahren sei. Meine E-Mails wurden mitgecheckt, nicht, dass ich etwas zu verbergen gehabt hätte. Nein, ich wollte nur ein wenig mich behalten. Die, die ich war.
Aber ich wurde umerzogen in eine, die ich werden sollte. Eine, die der „Herr Malte" von Gott gezeigt bekam. Wie ich mal sein würde.
Ich übernahm viele Aufgaben an den Menschen mit, für sie kochen, sie zu unterhalten, damit sie sich heimisch fühlten. Es wurde von Malte so erwartet, weil ich ja seine Gehilfin sei. Eigentlich ja alles wahr und hätte eine schöne Symbiose sein können. Ich liebte die Geselligkeit! Aber sie wurde immer unnatürlicher.
Beherrscht durch Problemwälzerei und schwere Atmosphäre.

Gesteuert durch das eine „auserwählte Instrument Malte.“ Zudem hatte ich ja auch noch einen Job im Museum. Und sowieso: Ich sehnte mich nach einem Partner. Hatte aber einen Therapeuten erhalten… „für diese große Gnade ich gefälligst dankbar zu sein hätte!“
Aber wenn schon Gehilfin, dann doch gleichgestellt. Ebenbürtig. Auf Augenhöhe, wie er selbst ja immer betonte. Nur dort war ich nicht! Durfte ich dort nicht hin?
Ich wollte doch so gerne als Ich angenommen sein. Doch Maltes Version lautete: Dein Ego werde ich aufs bitterste bekämpfen. Aber was Ego war und was nicht, entschied er! Er war der Maßstab an dem gemessen wurde.
Er hatte den persönlichen Draht zu Gott.
Er war der „Mittler“.
Dabei ist es mir doch selbst ein eigenes Anliegen, nicht stehen zu bleiben, sondern zu wachsen. Wo war sein Vertrauen in mich? Wieso musste ich mit Härte, Zucht und Kontrolle angegangen werden?
Und dann ist da die Sache mit dem Balken im eigenen Auge, bevor man den Splitter aus dem Auge des anderen zieht. Maltes Einstellung war die, dass sein Balken für ihn selbst bereits transparent sei.
Wenn dem bei einem Menschen so ist, dann ruht er doch zu aller erst einmal in sich selbst und erträgt mit Langmut, Nachsicht und Gnade den Partner, von dem man behauptet, dass man ihn liebt.
Malte hat doch gesehen, wie sehr ich mich hinterfragt, ja regelrecht gebeutelt habe.
Mein schlimmstes „Vergehen“ wurde zusehends das Misstrauen in seine Person. Wäre er selbst geborgen gewesen, hätte er gewusst, dass Vertrauen in dem Maße wächst, in dem man sich einander erkennt. Nur leider geschah in mir

stetig das Gegenteil. Je mehr ich ihn kennenlernte, desto weniger kannte ich ihn.

Als mir bewusst wurde, dass ich Gott mittlerweile ernstlich anflehte, doch Wachen an alle meine Schwachstellen zu postieren, damit ich Malte nicht durch Unbedachtes, Unkonzentriertes oder Ungeduldiges reize, begann mir bewusst zu werden, dass etwas tatsächlich ganz und gar aus dem Ruder lief.
Maltes „Gott" war hart, unerbittlich, fordernd. Ich stahl Gottes wertvolle Zeit, wenn ich nicht richtig funktionierte. Es folgte langer, endloser Streit, der erst beendet werden konnte, wenn ich ganz ergeben wimmernd um Vergebung bat, der niedrigste Punkt (der erniedrigendste?) erreicht war. Schuld war ich immer!!

Ich will ein Beispiel demonstrieren: Da Malte ja einen kaputten Rücken hat, blieb das Reinschaffen von sieben Metern Holz an mir hängen. Ich schämte mich ein wenig vor den Nachbarn, die ihn bereits den „gnädigen Herrn" getauft hatten. Da kommt er auch noch auf die Idee, mir den Hauklotz nach draußen zu schaffen, damit ich das Holz vor der Türe hacken kann. Ich erhob Einspruch und erklärte ihm, dasx ich mich schäme.
Natürlich wäre es besser gewesen, ich hätte darüber gestanden. Habe ich aber nicht. „Was geht es uns an, was die Nachbarn denken!" brüllte er erbost und aufgebracht. Hat ja nicht mal unrecht damit.
Tage später fahren wir mit dem Auto weg, mussten aber noch mal umdrehen. Ich fuhr, stoppte aber am Tor und lenkte das Auto nicht in die Einfahrt, weil er mich deshalb tags zuvor kritisiert hatte, dass sei Blödsinn, wenn man

gleich wieder weg fährt. Das beherzigte ich vorsichtshalber, weil die Stimmung angespannt war, nur um zu hören: „Was soll das, warum fährst Du nicht rein?"
Ich erkläre es. Da erwidert er: „Es ist so heiß draußen und ich hab einen Rollkragenpullover an. Ich möchte so nicht von den Nachbarn gesehen werden". Ich sage ganz ruhig, aber mit bedacht: „Ich denke, es ist uns egal, was die Nachbarn denken?"
Das war der Auslöser für Krieg. Erbitterten Krieg!!
„Du hast das nur gesagt, um mir endlich einen reinzuwürgen…" Aber so war es nicht.
Ich habe oft versucht, ihm aufzuzeigen, dass er mit zweierlei Maß misst, viel Gnade und Geduld für sich selbst, Härte und Unerbittlichkeit für mich.
Spült er unter fließendem Wasser und lässt es auch noch laufen, während er zum Kühlschrank geht, hält er es aber doch für nötig, mich zu ermahnen beim Duschen an den Wasserverbrauch zu denken. Er fährt mit einem lauten Schlag auf einen Bordstein und schnauzt mich an, ich hätte ihm sagen müssen, dass hier die Straßenkanten so hoch sind. Auf einer Autobahnfahrt – meine Aufgabe war, sein Navi zu sein – erwähne ich, dass wir die nächste Abfahrt runter müssen. Wir landen auf dem nächsten Parkplatz. Weil es so witzig war, musste ich lachen. „Du hast gesagt, die nächste runter…" kam es brüllend zurück. Vieles könnte ich hier aufzählen. Zu vielem, vielem hab ich geschwiegen, oder versucht, zu günstiger Zeit ganz vorsichtig mal etwas anzusprechen. Doch alles gab Krieg! Krieg! Endlosen Krieg, bis ich wieder ganz die ergeben Schuldige darstellte. Meine komplett eigene Meinung und Überzeugung ausblendete. Das war aber auch das Problem. Mein Herz dachte anders. Aber es konnte auch nie eine Angelegenheit einfach mal im

Friedensbeschluss ruhen gelassen werden. Das Ergebnis war erst dann für ihn gut, wenn ich „Einsicht“ in seine Sicht der Durchleuchtung zeigte und die war eben einfach oft unfair, nicht in der Waage!

Keine gesunde Streitkultur. Kein gegenseitiges Hinterfragen. Kein Hinüberschreiten über die beiden Flügel der Zugbrücke, denn Maltes Flügel stand hoch erhoben in den Himmel. Er war hochempfindlich, aber ich war der Sündenbock für alles!

Einmal setzte er mich damit unter Druck, dass er mich zwang nachzugeben, oder er würde nackt hinaus auf den Balkon gehen.

Ich ließ ihn gehen. Er tat es! Und ich schämte mich, hoffte, dass niemand der Nachbarn aus dem Fenster schaut.

Nachdem ich all diese, meiner Meinung nach unsinnigen, nicht mal der Rede werten Zurredestellungen nicht mehr ertrug, wurde ich zusehends verzweifelter und ... agressiv. Meine Weise, in völlig hilfloser Überforderung zu agieren. Natürlich nicht gut!

Ich ging auf ihn los, habe nach ihm getreten, aber ich trug ebenfalls blaue Flecke davon. Einmal musste ich sogar mit einem Veilchen auf dem Auge zur Arbeit. Immer öfter verließ ich nach einem Streit das Haus.

Wie viele Tränen ich im Wald beim Joggen vergossen habe! Manchmal hab ich laut geschrien. Und sehr, sehr oft kehrte ich wunderbar gestärkt zurück!

Mein Gott, den ich lieben gelernt hatte, der mit den Schwachen leidet, sie nicht verurteilt, sondern stärkt... *Er war da!*

Zwei ganze Sommer lang schenkte Er mir ein ganz besonderes Erlebnis: Auf meiner Joggingroute befand sich ein Bussardnest.

Bekanntlich verteidigen die Alten ihr Nest sogar mit Angrif-

fen. Das dachte ich zuerst auch, als ein großer Bussard mich auf einer langen Wegstrecke regelrecht verfolgte. Immer und immer wieder, Tag für Tag.
Doch sein Verhalten änderte sich dabei. Er wurde zutraulicher. Schaute mich an. Kreuzte meinen Weg. Kam immer näher. Blieb immer länger. Flog immer tiefer. Das erste Mal, als er so dicht über mir hinwegflog, dass ich seinen Flügelschlag in meinen Ohren hörte, habe ich mich doch recht erschrocken. Aber daran gewöhnte ich mich schnell. Ich genoss diese Nähe sehr.
Einmal, ich war sehr unglücklich und weinte bitterlich, da kam er mit seiner „Frau". Oder umgekehrt. Einer blieb immer der Scheuere.
Jedenfalls umkreisten sie mich ganz tief und tanzten regelrecht über mir, indem sie mit den Flügeln wedelten und dabei ein fast lachendes Geräusch ausstießen. Bis dahin kannte ich nur ihren monotonen Ruf, den ich auch fleißig mit ihnen übte, oder sie später auch so herbeirief… bilde ich mir ein.
Ich war jedenfalls so gerührt über die Zuneigung – so empfand ich es – dieser sonst so wilden, scheuen Vögel.
Zwei Sommer blieben sie! Genau die Zeit, in der ich so tief unglücklich war.
Ihr Abschied von mir war auch grandios. Ich wusste nicht, dass es das Adieu war. Er, nehme ich an, war es, flog so dicht, dass ich eine sanfte Berührung auf meinen Haaren verspürte. Ein wunderbares Gefühl.
Das war bis heute das Letzte, was ich von ihnen gesehen und gehört habe. Ich brauche diese seltsamen Tröster nun nicht mehr.
Waren sie geschickt? Für mich?
Einmal floh ich in eine Klosterkirche, saß dort schluchzend

in einer Bank, als ein Mönch auftaucht. „Sie müssen jetzt gehen, ich schließe zu!"
Ein Zufluchtsort wurde mein kleines Jugendzimmer, manchmal nahm ich mir Alkohol mit. Auch das war ganz neu wieder aufgebrochen in mir, die Verzweiflung, die nach Alkohol zum Betäuben schrie! Nur Vergessen. Aber auch Trotz, denn ich wurde zum Versprechen gezwungen, während eines Streites keinen Alkohol zu trinken.
Ich empfand mein Zuhause mittlerweile eher wie die Höhle eines Drachens.

Maltes Vorstellung von Augenhöhe existierte nur in Worten. Und das Schlimme, sie existierte in einer anderen Frau. Dieser hatte er beigestanden, während ihrer Trennungsphase von ihrem Verlobten und sie von da an zu seiner Freundin erkoren. Sie wurde seine Verbündete. Sie erhielt SMSen wie: „...ein echter Freund wie Du ist mehr wert als ein Sechser im Lotto! ..."
An sich ja richtig, aber ich degradierte immer mehr zur „blöden Kuh", hörte Sätze wie: „... weißt Du denn immer noch nicht... kannst Du denn nicht mal..." Wie oft hörte ich ihn über mich stöhnen.
Und wie es auch kommen musste, betitelten wir uns mit Ausdrücken wie Arschloch und eben blöde Kuh seinerseits und ich benutzte Worte wie: „Scheinheiliger" und sogar „abgefuckter Heiliger!". Ich schrie ihn an: „Ich hasse Dich!" Und jetzt weiß ich, solange ich das noch zum Ausdruck brachte, liebte ich noch. Erst als das nicht mehr kam, war die Liebe dem Tode geweiht.
Meine Angst und Eifersucht zu dieser tollen und wunderschönen Deborah, schön wie Kate Moss und viele Jahre jünger als ich, nahm zu. Malte war ja auch fast acht Jahre

jünger. Man sah es nicht, im Gegenteil.
Sie wurde umschmeichelt mit: „Oh Deborah, du könntest auf jeden Laufsteg der Welt gehen…“ oder: „Schau mal, wie die Männer dich anstarren.“ Ich trottete blöd nebenher. Diese Episode ereignete sich nach der Versöhnung eines Streites in einer Fußgängerzone.
Einmal saßen wir in einem Kreis von Menschen. Ich irgendwo eingezwängt und Malte neben Deborah, wobei sie ihre nackten Beine an ihn lehnte. Wir waren verlobt.

Daraufhin hab ich meine Eifersucht kundgetan, nur um für dieses Bekenntnis Krieg und Hohn zu ernten. Er schickte ihr einen Liedtext, der lautete im Refrain: “Du und ich für immer!“ Als ich sie darauf ansprach, haben sie beide gelacht und gesagt, dass dieses Lied ganz klar ein Lied über Freundschaft sei. Diese beiden Informationen hab ich durch Kontrollieren seines Handys herausgefunden. Normalerweise bin ich total gegen solch eine Vorgehensweise. Aber mir fiel auf, dass er sein Handy öfter mit zum Rauchen nahm und ich fand das komisch. Es wirkte so heimlich. Denn in der Regel ließ er mich an seiner Korrespondenz teilhaben, nicht dass ich darauf bestanden hätte. Doch ich wollte endlich Klarheit!
„Du bist ja nur eifersüchtig, weil sie schön ist“ sagte er. Klar, wäre sie nicht schön, hätte sie bei ihm auch nicht diese Stellung gehabt. Sie war sein Federschmuck!
Nie hab ich gehört, dass er an ihr mal etwas auszusetzen gehabt hätte. Sie wurde immer als Positivbeispiel zitiert.
In unsren schrecklichen Streiten wurde sie gerufen, parteiisch hinter ihm stehend. Und ich wurde regelrecht vor ihr entblößt. Bis ich wieder zahm und alle Schuld eingestehend einrenkte. Völlig gedemütigt vor den Beiden „ach so tollen,

großartigen Menschen". Ihr war nicht bewusst, in welches Spiel sie integriert war. Ich denke, sie wollte wirklich gute Freundin sein, auch meine. Mir helfen. Aber solch eine Ausnahmestellung schmeichelt dem Ego.

Und doch konnte ich langsam nicht mehr ertragen, was da vor sich ging. Ich wollte das einfach nicht mehr akzeptieren. Es war ungesund für unsre Liebe. Es machte mir Angst. Aber ich war die Böse, weil ich nicht vertraute.
In Worten hat Malte vor anderen beteuert: „Ich liebe Dorothy. Sie ist meine Frau." Aber mir half das nichts mehr. Ich empfand es nur als tönende, inhaltsleere Worte in einer Inszenierung. Alles irgendwie wie gemacht.
Er berührte mich körperlich kaum noch. Selbst beim Sex nicht. „Punktkontakt", ging mir dann durch den Sinn!
Irgendwie war alles in Gebiete unterteilt. Sex ist Sex. Für mich war das aber der höchste Ausdruck unsrer Zweisamkeit. Zartheit und Nähe hätte ich mir gewünscht. Innere Nähe gepaart mit äußerer Nähe. Das wäre das einzige gewesen, was ich hätte gehabt, was andere nicht von ihm haben konnten.
Dinge anzusprechen hatte ich lange aufgegeben. Alles wurde als Kritik, Unzufriedenheit oder das übliche Misstrauen in seine Person gedeutet.
Meine Rebellion und Aggressivität nahm immer mehr zu. Ich wurde daher auch als immer gestörter abgeurteilt und bezeichnet. Und irgendwann glaubte ich es selbst!
Ich schmiss Stühle und mir zerbrach sogar die Außentüre, als ich aus Verzweiflung etwas durch die Wohnung warf! Es war wie ein Schockmoment für mich.
Wo bist Du angekommen?
Ich schrie zu Gott! Zu dem liebenden Gott, den ich kannte,

bevor Malte mir seinen harten Gott präsentierte. Nie mehr wollte ich durch solche Wutausbrüche den Anderen Anlass zur Spekulation auf „kranke, gestörte Psyche" geben.
Das Gebet wurde erhört.
Je ruhiger ich wurde, desto aggressiver und explosiver wurde Malte.
Ich entglitt ihm. Und er spürte es. Und ich spürte es auch.
Viel später las ich ein Buch über „den passiv aggressiven Mann" und fand dort viel von Maltes Wesen wieder. Besonders heilend war für mich, dort zu lesen, dass selbst ganz zahme Frauen – dazu gehöre ich nicht! – so aggressiv werden, dass sie Gegenstände schmeißen oder anders ausrasten.
Ich war nicht krank!!

Unsre Hochzeit hatte ich längst abgeblasen.
Eine Woche vor dem Termin.
Alles war bereitet. Alle Gäste geladen. Musik gebucht, Ambiente vorbereitet… wir wollten eine Gartenhochzeit hier daheim feiern. Aber dies war schon lange nicht mehr mein Heim! Hier saß ein Fremdregiment.
Meine Trauzeugin sollte Deborah sein. Malte hatte sie ohne mich vorher zu fragen dazu ernannt.
Ich gab der Beziehung trotzdem noch eine Chance, in der Hoffnung, wir finden die Brücke.
Deborahs drogenabhängiger Bruder lebte mittlerweile bei uns. Und immer waren Leute da, bis spät in die Nacht. Da Malte bis mittags schlief – „Traumatische Schlafstörungen, für die er nichts konnte" – hatte er Power genug, dieses Leben zu führen. Ich war oft so fertig, da ich ja zur Arbeit regelmäßig früh raus musste. Und meine psychische Belastung tat sein übriges.

„Du bist stark!“ war Maltes Einstellung mir gegenüber.

Seine Rente war zeitlich begrenzt. Nach Erkundigung auf dem Amt, würde Malte keine Sozialleistungen erhalten können, da ich ein Eigenheim besitze. Der Sozialarbeiter machte mich daraufhin auf die Tatsache aufmerksam, dass ich dann noch mehr würde arbeiten gehen müssen, was in mir Panik hervorrief. Ich war doch schon gefordert genug. Fühlte mich so ausgebrannt. Aber Malte sagt nur: „Das ist doch das geringste Problem. Ich mach mir viel mehr Gedanken, was wird, wenn Du mal nicht mehr bist, und Dein Sohn dann die Hälfte des Hauses erbt.“
Einmal sagte er: „Weißt du wie du mir beweisen kannst, dass du mich wirklich liebst? Indem du mir das Haus übereignest.“ Auf meinen verständnislosen Blick hin sagt er: „Das war nur ein Test.“
Was soll so etwas. Spielchen, die er gerne mit mir machte, um mich auf die „Vertrauensprobe“ zu stellen.
Unser Geld reichte oft gerade so aus. Für mich gab es einfach keinerlei Erleichterung in und durch die Beziehung. Anstrengende Arbeiten blieben alle an mir hängen. Aber beim Einzug konnte er sehr wohl schwere Kisten schleppen. Ich wurde nie klug aus ihm. Alles spielte sich hier im Haus ab. Wie gerne hätte ich gelegentlich etwas schönes mit ihm alleine unternommen, aber das verachtete er als „weltlicher Kram“. Er tat‘s dann ganz selten mal und dann nur mir zuliebe. Auf diese Weise konnte ich das „große Opfer“ gnädig aus seiner gütigen Hand nehmen.
Das machte keinen Spaß.
Das blieb ohne Freude. Ich höre meinen eigenen Sarkasmus beim Schreiben dieser Worte heraus.
Aber eben auch eine große Verwundung!

„Abgelehnt!“ Diesmal anders. Diesmal meine Person. Mein persönliches Sein!
Malte nannte mich oft ärgerlich: „Die ewig Verstoßene“. Er kannte meine Wunden sehr wohl, ich hatte mich ja offenbart. Und genau damit rammte er mir dann auch die „Dolche“ ins Herz.

Er war in seinem Element, wenn er der große Meister war, ein Guru, der Helfer. Es gab einmal einen Filmsatz, der mir diesbezüglich oft in den Sinn kam: „Ihr Auftritt Al Mundi“, wenn er fast schon theatralisch auf der Bildfläche erschien. Unsre Zweisamkeit blieb auf der Strecke. Auch dafür gab‘s heilige Argumente, nämlich, dass wenn Gott es an der Zeit findet, Er uns Raum für uns schenke. Ich müsse nur meine eigenen Wünsche auf den “Altar“ legen.
Klar, wenn kein Besuch war und alle E-Mails, Google und YouTube-Besuche so ab zehn, elf Uhr fertig waren, gab‘s einen gemeinsamen Film. Malte liebte aber ganz andere Filme als ich. Mystische, oft auch sehr harte, gruselige, die in der anderen Dimension stattfanden. Diese dienten zu meiner Belehrung über Freundschaft, Liebe, Loyalität, was auch immer sie hergaben.
Wenn ich Szenen nicht verstand, stöhnte er. War ich unaufmerksam, war das nicht gut. Für mich wurde das oft zu einem Kampf mit der Müdigkeit.
Nichts war wirklich easy mit diesem Mann.
Ich wurde immer angespannter. Wenn es einmal ein paar Tage mit uns lief, dann löste sich meine Spannung ein wenig, was mich aber gleichzeitig unvorsichtig werden ließ. Das hatte zur Folge, dass ich „Fehler“ machte.
Oft stellte er mich zur Rede, ernst, streng und ich stand erst mal ganz verschüchtert da, wie ein kleines Kind, was nicht

weiß, was es getan hat.
In dieser schweren Zeit stand mir ein Ehepaar besonders zur Seite. Denn sie merkten, was hier geschah. Sie zeigten mir ganz neu auf, was echte Liebe für einen Charakter hat. Und wie sie sich äußert. Sie hatten den Durchblick, den ich brauchte, um Konsequenzen zu ziehen. Ich hatte über lange Zeit keinen Kontakt mit ihnen gehabt, aber als ich immer mehr begann, an mir selbst zu zweifeln, vernahm ich einen ganz tiefen inneren Impuls, fast wie eine gesprochene Sprache: „Fahr zu Jens und Marie."
Und als wie kostbar sich dieser Weg herausstellen sollte.

Ein letzter Streit eskalierte derart, dass ich mir zwei Ohrfeigen einfing. Er rief seine Freundin: "Deborah, Du musst kommen, es ist wieder soweit."
Dann hab ich nur noch gerufen. "Ich werde nie mehr als Frau zu Dir zurückkommen!", verließ mein Heim für drei Wochen und setzte ihm eine Frist für diese Zeit, das Haus von sich selbst zu säubern!

Eine liebe, mütterliche Freundin nahm mich bei sich auf und half mir, Stück für Stück Schritte zu planen, um wieder zu mir selbst zurückzufinden und endlich wieder zur Ruhe zu kommen.
Ich war wirklich an dem Punkt angekommen, dass ich begonnen hatte, an meinem Verstand zu zweifeln. Doch ich erlebte eine Erkenntnisoffenbarung und Freisetzung, die mir von jetzt auf gleich meinen Schleier von meinen Augen zog und ich plötzlich sehen konnte. Klar und frei!
Es war wie ein Wunder!
Ich wollte wieder leben. In Frieden.
Ohne diese unsinnigen Qualen.

Ich war los von diesem Manne!
Ich empfand eine grenzenlose Erleichterung. Ich atmete endlich wieder durch!

Wir setzten ein fristloses Kündigungsschreiben auf, dem wir zwei Wohnungsangebote beilegten. Außerdem bat ich meinen Polizistenfreund um Unterstützung, falls Malte seine Drohung wahr machen würde, dass ich ihn kennenlernen würde, „wie nie ein Mensch ihn je erlebt hätte. Er würde das Feld nicht so ohne weiteres räumen. So einfach würde ich ihn nicht los!"
Ich hätte alles Mögliche für möglich gehalten, auch Rache. Doch er war zum Glück seinem eigenen Image vor den Anderen verpflichtet, jetzt ehren- und heldenhaft den Platz zu räumen. Zu meiner großen Erleichterung.
Er verließ alles ordentlich und fristgerecht. Er ist im Städtchen geblieben. In seiner ursprünglichen Heimat hatte er keine Freunde mehr. Es dauerte nicht sehr lange, da hatte er auch hier niemanden mehr und er verließ die Gegend.
Ich war anfangs die Böse, die den armen, guten Mann vor die Türe gesetzt hatte. Das machte mir nicht mal etwas aus. Jetzt konnten sie alle denken, was sie wollten. Das war mir tatsächlich egal. Ich hatte meine Gewissheit tief in mir!
Malte zerstörte sich später seine eigene Glaubwürdigkeit selbst.

Ich kehrte nach drei Wochen in mein Haus zurück und zu meinem Erstaunen singend. Diesem Mann habe ich bis heute keine Träne nachgeweint. Das hat mir viel zu sagen. Ich höre wieder die Vögel singen, Friede und Freude sind zurückgekehrt. Ich erlebte alles als eine große Befreiung! Aber ich habe auch eine große neue Wunde davon getragen.

Vergebung wird nicht in einem Augenblick sein. Es wird ein Weg der Vergebung, ein Weg mit eben diesem Ziel sein. Denn ich möchte nicht verbittern und mir dadurch selbst am meisten schaden.

Je mehr die Wunden verheilen, desto mehr wird sich auch Vergebung ausbreiten können. So wünsche ich es mir jedenfalls. Das war mein Gebet. Es ist erhört!

Doch vorerst blieben: Schmerz, Albträume und immer wieder Gedankenkreisen – was ging da ab?

Lange noch versuchte ich zu ergründen. Ich denke, dass Malte wirklich von sich glaubt, der Gute zu sein. Er ist von „der Finsternis“ zum „Licht“ gewechselt. Nun dient er dem Licht. Er tut es so, wie er denkt, dass es gut sei. Er hat sich da eine Ideologie aus vielen Puzzle-Teilchen gebastelt und lebt diese aus der Kraft seines eigenen Willens.

Sein Wille erlaubt ihm nicht, Deborah als schöne Frau zu sehen, er liebt sie platonisch als ein Neutrum, so seine Worte. Sein Wille widersteht allen Versuchungen. Laut seines Willens liebt er mich. Das ist sein Diktat an sich selbst... war...

Er zieht dabei überhaupt nicht in Betracht, dass das Herz eine andere Sprache sprechen könnte.

Kraft seines Wollens tut er, was er für richtig hält. Malte befindet sich in einem riesigen Schachspiel. Er bewegt die Figuren.

Auch unsere „Liebe“ hat er inszeniert. Er konnte so lieb zu mir sein. Wunderbare Worte sagen. Wunderbare Komplimente machen, um sie unter Umständen im nächsten Moment wieder zu entkräftigen. „Ich würde mein Leben für Dich lassen,“ sagt er mir. Oh, das galt nur mir. Ich war stolz, so eine Liebe haben zu dürfen.

„Ich würde mein Leben für dich lassen“, sagt er Deborah.

Du wunderhübsche, nannte er mich. Um mir während eines Filmes zu sagen, dass die Schauspielerin, die etwa in meinem Alter ist, „einmal eine schöne Frau war". Oder wenn er mir die tollen Brüste seiner Exfreundin beschrieb. Warum? Und wie ärgerlich wurde er, weil ich seine Komplimente nicht mehr wirklich ernst nehmen konnte.
Vor anderen Menschen jedoch ließ er unsre Beziehung als vorbildlich dastehen. Mit Zuckerbrot und Peitsche, je nach Zug, was dran war. Ich empfand es oft als riesiges Schauspiel.
Er war davon überzeugt! Er, der sein Leben lang das arme Opfer war, ist nun als Ausgleich, sozusagen als Belohnung, der Initiator einer großen Sache – Seiner Sache!
Wann wagt er selbst den Blick tiefer, in sein eigenes Herz. Um all die Fäulnis zu sehen, die sehr wohl auch bei ihm vorhanden ist. Solange er der Agitator bleibt, kann er sich hinter dieser Fassade verstecken.
War er so eine Art moderner Heiratsschwindler?
Auch diese Gedanken hegte ich.

Die Liebe hat Gnade. Geduld. Erbarmen. Sie deckt zu, anstatt bloßzustellen. Sie liebt trotzdem, nicht erst wenn… dabei ist das trotzdem noch zu wenig. Sie liebt… deshalb, weil man ist, wer man ist!
Liebe habe ich bei diesem Mann nicht gefunden. Und je länger, je weniger war ich in der Lage, selbst zu geben.
Ich weiß, ich brauche eine andere Kraft. Die meines Gottes, der mich mit genau dieser Liebe liebt. Und das sage ich nach einem erneuten Tiefschlag? Nach einem zerstörten Traum? Ich war der festen Überzeugung, dass solch ein erneuter Verlust mich zerstören würde.
Ja, das wäre geschehen, das sehe ich ganz klar!

Gott jedoch nutzte diesen Umweg, um mir mein Leben noch einmal ganz neu zu schenken, mit einer enormen Lebensdankbarkeit, einem veränderten Bewusstsein, gelenkt auf all die Geschenke, die ich haben darf! Mit neu korrigierten Augen in diese Welt gerichtet und dem Privileg einer großen, unabhängigen Freiheit mit viel Luft zum Atmen.
Frei-heit und nicht Sehn-*Sucht*!
Ohne diese Lektion hätte ich weiter mitgemischt und nicht wirklich losgelassen!

Durch diese Wirrungen bin ich außerdem zu dem Ergebnis gelangt, dass es gut ist für eine Liebesbeziehung, wenn die klassische, alte Verlobungszeit als solche gelebt wird und die körperliche Intimität tatsächlich ihren Platz in der Ehe hat. So ist es von Gott gedacht.
Hätte ich diese Regeln beherzigt, wäre mir vieles erspart geblieben. Ich hätte im Vorfeld erkannt. Doch das zu leben, ohne im Herzen davon überzeugt zu sein, ist ebenso daneben, denn dann erfüllt man einfach etwas Auferlegtes. Es mag schützen, aber nicht wirklich überzeugen.
Was uns wirklich hilft, ist immer nur die innere Einsicht des Herzens! Dahin führt Gott uns während unseres gesamten Lebens. Dorthin gelangen wir aber nur, wenn wir auch bereit werden, immer wieder umzudenken und wenn nötig, den Kurs zu wechseln.
Und da liegt unser Problem! Wir wollen, wie wir wollen.

Im Museum unternahmen wir mittlerweile Forschercamps, Schatzsuchen und Exkursionen mit Kindergruppen, unterstützt durch Jugendämter und Erlebnispädagogen. Meine Chefs und Kollegen sind alle Menschen mit einem großen Herzen. Die Chemie stimmt, wie man so schön sagt. Das

Arbeitsleben war mir ein Vergnügen.
Ein kleiner Wermutstropfen allerdings ist die nagende Frage: „Konnte ich mein Häuslein auf Dauer halten und bei meinem geringen Einkommen instand halten?“ Das musste ich realistisch hinterfragen, trotz all meines Einsatzes, den ich für das Landesmuseum leistete.
Nach Maltes Weggang saß ich auf einem Schuldenberg, zwar überschaubar, doch für mich ein Problem. Hier lieh mir Isabella damals Geld, bis ich einen Sparvertrag ausgezahlt bekam. Aber sie schenkte mir das geliehene Geld, bzw. sollte ich es mit Dave teilen.
Noch lebe ich in meinem kleinen, geschaffenen Paradies und erlebe dazu viele neue Eindrücke. Die Zimmervermietung läuft nicht mehr gut. Das, was anfangs so gefügt und passend war, schien irgendwie zu Ende zu gehen.
Trotz diesen Dingen empfinde ich mein Leben als neu geschenkt! Mit diesen Augen wünsche ich auch, meine Zukunft zu sehen. Spannend, harrend der Dinge, die da noch kommen!

Kapitel 3

Eine süße kleine Familie und ein weiter Weg mit einem wunderbaren Versprechen

Ja, und da gibt's ja parallel noch die andere Geschichte. Die meines Sohnes, der nicht mehr mein Sohn sein will.

Die Geschichte der Mutter, die nicht mehr Mutter sein durfte. Die Geschichte zweier Menschen, die zu sehr miteinander verwoben sind, um schon zu Ende zu sein!

Oder beginnt sie erst?

Davon will ich reden. Das will ich erzählen.

Was sind schwere Zeiten ohne Verheißungen!

Was machen Menschen in schweren Zeiten ohne Verheißungen?

Wie gut ist es, in schweren Zeiten Verheißungen geschenkt zu bekommen!

Immer in großen Nöten wurden mir diese wunderbaren Zusagen geschenkt. Und zwar derart, dass sie nicht einfach Buchstaben waren, sondern Worte, tief in mein Herz eingebrannt. Worte, die auf ihre Erfüllung warten mussten, aber rückwirkend immer zur Erfüllung kamen.

Ich hatte in Bezug auf Dave lange zuvor diese Zusagen. Doch die Wartezeit wurde zu Jahren ohne ein sichtbares Ende! Die Erfüllung ist aus vernünftiger Warte gesehen schier unwahrscheinlich.

Aber wie schön, dass mir neue Zusagen geschenkt wurden und mit den Worten „*Ich verspreche es!*“ bekräftigt in mein Herz drangen.

Ich saß mal wieder verzweifelt vor Sorge um mein Kind grübelnd da und las in meiner Bibel meine mir geschenkte, fett unterstrichene, alte und immer aktuelle Verheißung: „Weine nicht, denn das was du für deine Kinder getan hast, wird nicht umsonst gewesen sein… *Ich, der Herr, verspreche es!*“ Dieser Satz war mir bis dato noch gar nicht so sehr in mein Bewusstsein gelangt, doch plötzlich konnte ich auch diese Worte erfassen.
Ein Versprechen!
Ein Versprechen Gottes an mich!
Ein ganz persönliches Versprechen!
Das Erfassen dieser Tragweite gab mir eine neue, noch größere Ruhe. Denn die Umstände waren schlimmer denn je.
Ein Gedanke versuchte sich neben einzuschleichen: „Was, wenn sie nicht wollen?“ Noch während dieser Gedankengänge fällt mein Blick auf folgende Worte: *Ich werde es in ihr Herz schreiben und ihr Denken mit meinen Gedanken füllen!*
Was war denn die momentane Realität?
Ein junger Mann, nicht mit dem Leben versöhnt, mit einer Bewährungsstrafe im Genick und einer neuen, begangenen Straftat, die noch nicht verhandelt war, wird Vater.
Die Mutter seines Kindes ein 16-jähriges Mädchen, das von zu Hause ausgebüchst war.
Dieses mir fremde Mädchen sollte ich nun aufnehmen in ihrer Schwangerschaft. Das lehnte ich ab!
Dafür verlor ich den Titel Mutter!
Dafür verklagte ich mich!

Und gleichzeitig wusste ich aber auch, dass ich dieser Situation nicht gewachsen gewesen wäre.
Aber ein gefundenes Fressen für den „inneren Verkläger", der mich ja sowieso schon seit Jahren mit diesen ganzen Schuldzuweisungen an den Rande des Wahnsinns getrieben hatte.

Diese Stimme musste ich ignorieren, bevor ich am Leben endgültig scheitern würde.
Und diese Stimme verlor auch im Laufe der Jahre immer mehr an Macht. Doch das war ein weiter Weg.
Die Schuld des Lebens.
Die echte und die einsuggerierte. Ein gewaltiges Kapitel!
Da gibt es nur einen Platz, zur Ruhe zu kommen.
Dort, wo *Einer* die Schuld trug.
Theoretisch ist uns das allen klar. Doch wir brauchen ein Menschenleben lang, um auch diese Wahrheit in seiner Wirklichkeit zu erfassen.
Je mehr mir diese, meine Freiheit bewusst wurde, desto leichter konnte ich in all diesen Umständen leben, ohne diese elenden Anklagen. Und genau da musste ich erst hingelangen, bevor ich in der Lage sein würde, wieder Kontakt zu meinem Sohn zu haben.

Dieses junge Mädchen wandte sich in ihrer Not an ein Frauenhaus, wo sie Hilfe, Schutz und Geborgenheit fand und ihr Baby gebar.
Dieser Weg, so beteuerte und ermutigte mich Daves Betreuer, sei der einzig vernünftige und sinnvolle. Wie recht er hatte! Dort wurde sie vorbereitet auf die Mutterrolle und fand liebevolle Betreuung.

Mein Sohn war für diese Monate für mich verschollen. Nicht nur für mich.
Er hatte sich von dem schwangeren Mädchen für eine Zeit zurückgezogen, andere Frauen gehabt und nachdem Ines eine Wohnung für sich und ihr Baby liebevoll mit Unterstützung ihrer Eltern und sozialer Einrichtungen eingerichtet, bezogen hatte, tauchte Dave auf.
Sie nahm ihn auf.
„Mein Sohn soll nicht wie ich ohne Vater aufwachsen, das habe ich mir geschworen."
Jetzt erhielt Daves Leben eine Wende.
Er übernahm Verantwortung!
Er wollte diese tragen!
Seine Freundin und Mutter seines Kindes, Ines, nahm den Kontakt zu mir auf, indem sie mir Bilder von dem Kleinen schickte und einen sehr herzlichen Brief dazu verfasste.
Aber mir fehlte noch der Mut und vor allem ein erster Schritt von Seiten Daves, den Kontakt zu mir zu suchen. Doch auch der sollte folgen.
Dankbar bin ich ebenfalls für das Geschenk der Eltern von Ines, die sich liebevoll der kleinen Familie zuwandten und ganz neu im Leben aufblühten, angesichts dieses drolligen Babys.
Ich sah meinen Enkel Tysen zum ersten Mal an seinem ersten Geburtstag. Und auch seine Mutter lernte ich an diesem Tag persönlich kennen.
Das war schon eine überwältigende Situation.
Sie lebten in einem ordentlichen, geschmackvoll eingerichteten Heim und schienen glücklich und… sehr stolz!
Und ich war es auch! Ich hatte das erste Mal seit ganz, ganz langer Zeit wieder Hoffnung auf ein glückliche Wende.
Und ein ganz, ganz süßes Enkelkind!

In weiser Voraussicht auch ein sehr pflegeleichtes Baby, das den Beiden viel Freude machte!

Mein Sohn fand Arbeit.
Und das Schönste, er zog es auch durch.
Unglaublich! Zu schön, um wahr zu sein!

Könnten sie es durchhalten?
Auch wenn der Alltag einzieht.
Die Gewohnheit. Die Monotonie.
Würden sie lernen, das Leben im gegebenen Rahmen lieben zu lernen? Würde Dave sich nicht nur ändern wollen, um des Sohnes willen, sondern auch um seiner selbst willen? Und die junge Mama? Ihr Stand war nicht leicht. Ihre Jugend war vorbei und Dave hatte ihr schon viel Kummer zugefügt.

Die nächsten drei Jahre war ich wirklich stolz auf sie alle!
Ich nannte sie: Die süße, kleine Familie.
Es verlief nicht alles ohne Hindernisse. Rückfälle, wechselnde Arbeitsstellen, doch es ging stetig bergauf.

Ich konnte bis dahin nie die Omas verstehen, die so stolz von ihren Enkeln erzählten. Doch genau das passierte auch mit meinem Herz. Dieser kleine, drollige Kerl eroberte es im Nu. Ich durfte einen Platz in seinem kleinen Kinderherz finden.
Wenn er seine Oma Dotty – später dann Oma Dorthy – ruft, wie warm wird mir ums Herz.
An Weihnachten erzählte ich ihm die Geschichte von Jesus. Dass auf der Reise kein Platz für ihn war und er dann in einem Stall auf die Welt kam. Wie die Hirten sich freuten und

alle Menschen. Dieser kleine Kerl nahm diese Geschichte auf eine erstaunliche Weise auf. Er hüpfte lachend in seinem Bettchen auf und ab, sodass ich an die Bibelstelle erinnert wurde, wo die schwangere Elisabeth der schwangeren Maria begegnet und es heißt: *...da hüpfte das Baby im Bauch [vor Freude].* (LUKAS 1,41)
Und diese seine Freude erlebten wir jedes mal wieder bei dieser Geschichte. Das war eine ungewöhnliche Reaktion und verwunderte uns.
Einmal erzählte er seiner Mama, „als ich noch ein kleines Baby war, als ich noch Jesus war..."
Behutsam korrigierte ich seinen Irrtum, worauf er sagt: „Aber mein Papa hat Goliath besiegt!"
Auf unsrem Weihnachtsspaziergang begrüßte er alle Menschen, die uns begegneten mit „Frohe Weihnachten" – nicht wir, er! Irgendwie hatte er es aufgeschnappt. Die Reaktion der Menschen war wunderschön. Und das motivierte ihn natürlich. Der Spaziergang wurde ein einmaliges Erlebnis. Ich darf teilhaben, wie Tysen sich entwickelt, an lustigen Episoden und seinen Fortschritten.
Und seine Mama macht ihre Sache wunderbar. Erstaunlich. Dave sagt von ihr selbst: „Was ich der Frau zu verdanken habe ist unglaublich!"
Und doch! Das Leben entwickelt seine Schwere.
Unzufriedenheit schleicht sich ein. Mangel von Vorstellungen und Wünschen, die sich nicht erfüllen. Und die ungelösten Probleme!
Da steht noch die eingereichte Revision seitens der Staatsanwalt gegen drei offene Bewährungsstrafen. „Zu mildes Urteil, außerdem nicht rechtens, da Bewährungsverstoß normalerweise immer zu Strafe führt!" so die Begründung. Das ist wahr, selbst Dave muss es fairerweise eingestehen.

Kürzlich gestand mir Dave, dass es eine Zeit in seinem Leben gab, in der er sich dem halsbrecherischen und gelegentlich tödlich endenden Hobbys des Trainjumpers widmete. Das sind Menschen, die von Brücken auf fahrende Züge aufspringen.
Als Vater erschreckte ihn gerade dieser Gedanke sehr, dass sein Sohn später ebenfalls auf irgend eine Art und Weise zu solch einem Adrenalinjunkie, wie Dave es selbst bezeichnete, werden könnte.
Doch bei alledem und in alledem staunt Ines immer wieder über die glücklichen Fügungen und Vergünstigungen, die Daves Leben in all dem ganzen Chaos begleiten. Das freut mich sehr zu hören, denn es zeigt mir, dass da Jemand seine gütige Hand schützend ausbreitet.
Diese erste Zeit als Familie wird durch einen nicht leichten Alltag überschattet…
Das schlichte Tagwerk, mit all seiner Regelmäßigkeit und Anstrengung, treibt Dave an den Rand seine Kräfte und seiner Bereitschaft.
Immer häufiger steigt die alte Aggressivität in ihm auf.
Er wird nörglerisch, meckert am Essen und schmeißt auch gelegentlich Dinge durch die Gegend.
So kommt es, wie es kommen muss. Es eskaliert die Situation und Dave rastet aus. Er zertrümmert Mobiliar und versetzt seiner Freundin einen heftigen Stoß, sodass diese zu ihren Eltern flüchtet. Und alles vor den Augen des Kindes!
Der Kleine möchte nicht mehr zu seinem Vater zurück.
Auch hier bewundere ich wieder das umsichtige Verhalten von Ines, die liebevoll ihrem Söhnchen erklärt, dass der Papa das nicht böse gemeint hat und sie doch beide liebt.
Die Arbeit schmiss Dave ebenfalls tags darauf, genau zu dem Zeitpunkt, wo man ihn zum Vorarbeiter erheben wollte.

Ines kehrt zurück für eine letzte Chance, denn sie sagt, dass sie bald keine Kraft mehr hat. Ich weiß, dass das stimmt. Ist Daves „Schweinetrog“ tatsächlich der Verlust seiner Familie? Es wäre schrecklich, aber der kleine Kerl braucht in aller erster Linie Geborgenheit und Schutz. Wenn der Papa das nicht geben kann, dann ist es nur richtig, wenn die Mutter Konsequenzen zieht.
Gott weiß den Weg. Sein Weg ist gut.
Er hat mir eine Zusage für alle drei geschenkt.

Der kleine Tysen ist jetzt drei Jahre alt.
Ich freue mich, ihn und seine Eltern über die kommenden Ostertage bei mir zu haben.
Doch es wird auch ein Schatten über uns liegen.
Der Schatten der ungeklärten Zukunft.

Diese Dinge zerreißen nach wie vor mein Herz.
Auch in dieser Situation wurde ich ganz erneut gestärkt mit einer wunderbaren Bibelstelle, auf die ich stieß, als ich den sorgenvollen Gedanken mal wieder nicht Herr wurde:

»Sei stark und mutig, denn du sollst diese Menschen in das Land führen, das der Herr dir mit einem Eid (noch eine Steigerung!) versprochen hat. Hab keine Angst und verliere nicht den Mut, denn der Herr selbst wird vor dir hergehen. Er wird bei dir sein. Er wird sich nicht von dir zurückziehen und dich nicht im Stich lassen.« (5. Mose 31,7-8)

Gibt es schönere Worte, hier meine Aufzeichnungen ruhen zu lassen und auf die Rettung meines Gottes zu warten?

Die Fortsetzung der Familiensaga wird vielleicht eines Tages von meinem Sohn Dave erzählt.
Seine Empfindungen, seine Gedanken und Irrungen die dann alle in einer wunderbaren Rettung münden, und zwar einer solchen Rettung, die sich in Beständigkeit, Geborgenheit, Authentizität und Aufrichtigkeit auszeichnen wird! Dann wird er sich selbst gefunden haben und anderen helfen, auch dorthin zu gelangen.

Glaubt ihr das auch?

Davon bin ich überzeugt!
Gott selbst versprach es mir!

Kapitel 4

Existenzen (Wenn Versprechen sichtbar werden)

Seht hin; Ich mache etwas Neues;
schon keimt es auf. Seht ihr es nicht?

Jesaja 43,19

Ich sitze hier, schaue hinaus aufs Meer, in die herrliche Wintersonne, beobachte die Vögel, wie sie friedlich auf dem Wasser treiben, überwiegend schneeweiße Schwäne – und man glaubt es kaum, ich lebe hier! Ich lebe am Meer! Das, was ich als Traumvision in mir trug: eines Tages einmal irgendwo an einer Küste zu leben, in einem Häuslein mit Blick auf's Wasser. Ein Traum, den ich selbst als Wunschtraum und Fantasie abtat, diesen Traum schenkte Gott mir! Es ist selbst für mich immer noch so unglaublich, dass ich manches Mal denke, es gibt einen lauten Knall und dann bin ich in die Realität zurück-katapultiert.

Dann meine ich, ich müsste mich mal kräftig kneifen, um wach zu werden – doch es ist wahr! Es stimmt!

Was ich im letzten Jahr erleben durfte, spottet jeder Realität und hat mich so überwältigt, dass ich fassungslos und staunend dastehe und bete, dass ich dieses Staunen über Seine Größe nie mehr verlieren möge oder mich gar dran gewöhne. Wie ein kleiner Schneeball geformt wird, der sich

in rasender Geschwindigkeit zu einer Lawine entwickelt, so wurde ich mitgerissen und unversehrt versetzt in diesen Traum – mitten hinein!
Doch jetzt möchte ich von vorne erzählen, denn es ist es wert, diese Entwicklung mit zu erleben.

Existenzangst! Angst, zu verlieren, was man liebt.
Das war mein Zustand, meine Sorge!
Nun, der Kontakt zu meinem Sohn entpuppte sich zusehends als sehr schwierig. Der insgeheim befürchtete Zerbruch der kleinen Familie vollzog sich, da mein Sohn sich in eine andere Frau verliebte, eine Frau die selbst mit ihrem Leben nicht zurecht kam. Behauptet, dass ihre Schwester durch eine Vergewaltigung den Tod fand und ihre Mutter durch viele Messerstiche ihres Vaters. Wenn das stimmt, ist diese Frau traumatisiert, stimmt es nicht, ist sie krank. Aber was stimmt, ist auf jeden Fall, dass zwei so kaputte Menschenkinder zusammen eine katastrophale Beziehung führten.
Mit anzusehen, wie der kleine, süße Tysen darunter litt, griff mir sehr aufs Herz.
Zudem stand ich selbst unter großem Druck, mein geliebtes Haus auf Dauer nicht halten zu können, wenn ich nicht noch mehr arbeiten gehen wollte. Stand ich doch bereits an meinem Limit, sowohl psychisch als auch physisch.
Ich leistete einen harten Job, jedoch weigerte man sich, mich so angemessen zu bezahlen, dass ich davon sorglos hätte Leben können. Für mich gab es keinen bezahlten Urlaub und die Krankenversicherung finanzierte ich selbst. Das fraß mich auf Dauer auf und ich besaß mittlerweile keinerlei Rücklagen mehr, hatte aber ständig irgendwelche Reparaturen zu bewältigen.

Nach getanem Dienst war ich so müde, dass keine Zeit oder eher gesagt Kraft mehr für irgendwelche privaten Kontakte übrig war. All das belastete mich sehr.
Ich schrie in dieser Zeit viel zu Gott um Hilfe, um eine befriedigende Lösung.
Ich liebte doch mein Zuhause, mein Haus, meinen Zufluchtsort, mit dem wunderschönen Garten, den großen Fenstern und dem fesselnden Blick hinaus.
Weiter so machen, um dann doch alles hergeben zu müssen, um im Ort in irgendeiner Mietwohnung zu verbleiben, weiter im Trott – das konnte ich mir nicht vorstellen, ohne bitter und frustriert zu werden.
Das saß fest im Nacken. Erst schleichend, doch immer drückender. So wurde die Arbeit, die ich eigentlich liebte, mich aber nicht ernährte, zu einem Problem. Der große Garten zum zusätzlichen Kraftabsauger und ich zum Sklaven meines materiellen Besitzes. Irgendwie hatte sich der Spieß verdreht, aus einem wunderbaren Geschenk wurde eine Falle!
Das löste eine Gedankenlawine auf der Suche nach Veränderung aus. Ich musste wieder in die rechte Mitte zurückfinden, damit die wahren Prioritäten Oberhand gewinnen, für mich erfüllende Lebenslösungen gefunden werden können.
Gott kennt die geheimen Wünsche unsres Herzens, Wünsche, die wir hegen und von denen wir nicht einmal wirklich an Erfüllung denken, weil sie einfach Träume sind, die das Leben ein wenig versüßen.
Wie lange verstand ich nicht, dass Gott Lust und Freude daran hat, uns Gutes zu tun.
Mein Blick gaukelte mir zur Zeit mal wieder den Gott vor, der schenkt und wieder weg nimmt.
Erst durch veränderte Gedanken, konnte ich erkennen, dass, wenn Er nimmt, Er auch einen neuen Weg gibt.

So, dass das eigene Herz ein Ja dazu findet. Einen Kinderwagen benutzt man so lange, wie er nützlich ist, dann stellt man ihn in die Ecke, um die Beine zu gebrauchen. Man ist gereift und Neues geschieht. Dieses Beispiel, das mir Marie und Jens deutlich machten, die Beiden, die mich eine wichtige Etappe weit seelsorgerisch betreuten und zu meinen wertvollen Freunden wurden, half mir, meinen Blick auf Gott erneut zu korrigieren, damit mir *Seine* Liebe zu *mir* noch tiefer in mein Bewusstsein dringen konnte.

Dadurch ließ ich die Gedankengänge um Hausverkauf und Weggang, Lebenskorrektur und Vorangehen, überhaupt erst einmal an mich heran.

Mein Blick wurde frei für neues und mein Herz zog mit!

Wie oft in der Vergangenheit tat ich meinen Mitmenschen kund: „Eines Tages werde ich am Meer leben." Ich setzte sogar den Ort dazu, den ich mir in meinen Träumen erkoren hatte. Obwohl ich nie da war, war das der Ort meines Herzens und ich habe keine Erklärung dazu!

Sollten meine Wunschfantasien jetzt wahr werden? Ich hatte echt Angst, mich zu blamieren und selbst zu betrügen, als ich meinen Koffer im Frühjahr packte. Ich hatte überraschenderweise mehr als drei Tage hintereinander frei. Ich wollte meine Wunschgegend erforschen fahren!

Die warmen Monate waren unsre Hochsaison im Museum, gekoppelt an all die erlebnispädagogischen Aktionen, somit kaum frei bis in den Herbst hinein.

Gott gab mir ein Bibelwort mit auf den Weg, das
mich verwunderte:

Ich bin mit Dir und werde dir helfen,
darum wirst du nicht beschämt dastehen,
weil dein Mund längst spricht, was dein Herz denkt.

Aber mein Herz hatte mich doch schon so oft betrogen. Wie konnte ich mich auf mein Herz verlassen?
Aber Gott antwortet klar, präzise, wenn man wirklich bereit ist, Ihm die ganze Regie des Lebens zu überlassen.
Dann beginnt Er im Herzen zu leiten!
Und genau da war ich angekommen! Ich wollte das erste Mal in meinem Leben keine eigenen Wege mehr gehen, sondern wirklich finden, was Er mir bereiten würde! Welche Lösung Er für mich ausgesucht hatte. So war ich eher irritiert, dass es sich anfühlte, als wäre es tatsächlich auch identisch mit meinem Herzenswunsch.

Ich betete viel und aufrichtig um Seine Weisung.
In der Bibel stieß ich auf folgende Worte:

Höre Tochter und sieh und neige dein Ohr
und vergiss deines Volkes und deines Vaters Haus,
und der König wird deiner Schönheit Begehren,
denn ER ist dein Herr. (Psalm 45, 11-12; Elb.)

Zu Hause war ich allein. Einsamkeit war mir zum Vertrauten und mein Freund und Gefährte war Jesus geworden. Die Menschen, denen ich näher stand, steckten alle ebenso bis zum Hals in den alltäglichen Aktivitäten, sodass man meist nur über E-Mail oder Telefon kommunizierte, wenn überhaupt.
Dieses Phänomen machte mir sowieso schon seit längerem zu schaffen und ich empfand da etwas in unserem System aus den Fugen geraten.
Und jetzt rief Jesus mich, Ihm zu folgen, Ihm zu dienen.
Das hatte ich mir gewünscht! Und anscheinend wollte Er tatsächlich mich!!

Hätte ich diesen Schritt jemals machen können, ohne zuvor durch diese Übungen der Verzweiflung und Einsamkeit gegangen zu sein, ohne materiellen Besitz als Belastung empfunden zu haben?
Alle diese Nöte über so lange Zeit machten plötzlich Sinn! Es war die Vorbereitung auf das Neue, was folgen sollte. Selbst der Umweg über die unglückselige Fast-Ehe, ein Weg, das wurde mir immer klarer, den ich gewollt hatte und mir selbst „heilig" geredet hatte, hatte dazu beigetragen, all meinen Eigenwillen ohne Hintertüre oder Selbstbetrügerei endlich ganz abzulegen und auf einen Gott zu vertrauen, dem viel daran liegt, dass es mir gut geht und dass ich Freude im Leben genießen kann. Mein Gottesbild hatte sich komplett gewandelt und gefestigt. Von einem Gott, der sich nicht unbedingt persönlich um uns hier unten kümmert, in einen Gott, der mich liebt! Oder wenn kümmern, dann nur, damit ich nicht ganz kaputt gehe.

Das Jahr der Erlösung, die ICH vollbringe, war gekommen! (JESAJA 63,4)

So las ich, und so konnte ich loslassen: Mein Elternhaus, meine Heimat, ja selbst meine Kinder. Aber das war auch nur möglich, weil Gott mir auch da immer wieder Verheißungen zurief: *ICH werde deine Kinder retten.* (JESAJA 49,25) *Lass deine Kinder und das was ICH mache meine Sache sein.* (JESAJA 45,11)

Auch diese Worte überraschten mich: *Ich werde deine Kinder aus dem Osten holen und dich aus dem Westen sammeln. Zum Norden sage ich: Gib her!* (JESAJA 43,5-6)

Mich zog es tatsächlich sehr zu dem östlichen Teil unsres Landes, was zuvor durch das harte, kommunistische Regime vom westlichen Teil radikal getrennt, gegebener Maßen auch gerade durch diese Umstände von Entbehrung, Korruption und Verrat zusammengeschweißt wurde.
Zudem entzog man ihnen Gott, der Gott, von dem ich ihnen gerne erzählen möchte.
Paulus aus der Bibel sagt einmal als er weiterzieht: „…doch inzwischen ist meine Aufgabe in diesen Gebieten erfüllt!"
So empfinde ich auch!
Ich wurde in etwas Neues berufen, das Alte hatte sich fest gefahren, diese Spur war blockiert!
Diesmal wusste ich, dass es Gott war, der sprach und wirkte.
Es war ein inneres, völliges Überzeugtsein, begleitet durch äußere Führungen und festgemacht durch Seine Worte aus der Bibel! Da wich aller Zweifel!
Hätte ich in der Malte-Story nur auf meine inneren Zweifel gehört, die mir eigentlich längst sagten, dass Gott anders denkt und nicht die manipulativen Worte eines Menschen für Gott gehalten, wäre ich ohne diesen Umweg ausgekommen. Auch Wunder tut nicht nur Gott, das kann die finstere Seite auch!

So ging ich also auf meine erste Erkundungsreise, ob die Möglichkeit gegeben wäre, ein kleines Häuslein zu finden, in dem ich für mich Platz haben würde, mit einem zusätzlichen Ferienzimmer zum vermieten.
Zu dem Norden, eben genau an der Küste, sagt Gott, wenn ich ihn recht versteh: „Gib her!"
Dort müsste also etwas auf mich warten, gemäß meiner Bedürfnisse und meines Budgets, durch den Verkauf meines Hauses.

Ein Häuslein, klein, aber mit zwei getrennten Wohneinheiten. Einen Teil für mich selbst und ein Zimmer mit Bad, als Bed & Breakfast.
Und all das an einer touristisch attraktiven Ecke nah am Meer. So stellte ich es mir vor!
So sähe ich eine neue Perspektive!
Die erste Reise brachte eine große Liebe und Faszination für diesen Landstrich in mein Herz, aber auch eine ebenso große Hoffnungslosigkeit, etwas angemessenes erschwinglich bekommen zu können.
Über Internet suchte ich die Objekte aus, sammelte und fuhr bei Gelegenheiten, die sich mir boten, los, um vor Ort zu inspizieren.
Es wurden drei Reisen. Und drei mal sollte ich in diesem Sommer die nötigen freien Tage haben, was in den Jahren zuvor nie da gewesen war. Ich wollte auf der Arbeit einen sauberen Cut machen, denn wir waren immer ein gutes Mitarbeiterteam, mit gegenseitigem Respekt, großer Zuneigung und ohne Falsch. Ich weiß auch, dass dieser Zustand etwas besonders war. Doch was nützt es, wenn es nicht zum Leben reicht. So wollte ich diese Saison sauber abschließen!
Die zweite Reise gestaltete sich wie verhext. Alles was ich zuvor erarbeitete, zerschlug sich. Entweder erreichte ich die Makler nicht, oder die Verkäufer erschienen nicht. So quartierte ich mich völlig frustriert in einem teuren Hotel mit Meerblick ein, um meinem Frust mit Weltuntergangsstimmung zu frönen.
Dann könnte ich ja mein Geld genauso gut zum Fenster hinaus schmeißen.
In diesem teuren Hotel erhielt ich eine sehr kostbare Lektion. Gott hatte mir vor Jahren einmal einen Satz zugerufen, den ich erst hasste und mich wütend machte, später jedoch ruhig

und mit Duldung und Ergebung in mir lebte.
Doch hier begann ich diese Worte plötzlich zu beten und begehren.

Die Worte, um die es sich drehte, waren:

Ich will Dich rechtskräftig zu meiner Ehefrau machen und will dir meine unwandelbare Liebe und mein Erbarmen beweisen … und Du wirst lernen, mich vollkommen als meinen Herrn anzuerkennen. (Hosea 2,21-22)

Jetzt erwischte ich mich dabei, zu beten: „Dann sei auch mein Mann! Ein Mann versorgt seine Frau! Bis jetzt musste ich Mann, Ernährer, Mutter sein, aber Frau durfte ich nie sein! Jetzt bist DU dran!"
Ich saß weinend über meiner Bibel, sah mein Leben zerfallen. Und lese:

Die Schmach deiner Witwenschaft (nun, Witwe war ich nicht, aber ich empfand mich nicht anders) *wirst Du vergessen, denn Dein Schöpfer ist Dein Ehemann! Denn der Herr hat dich gerufen, als du dasaßt wie eine sitzen gelassene, tief betrübte Frau. Du Elende …, du Ungetröstete!* (Jesaja 54,4-6.11)

Ich schwamm in Selbstmitleid, ach wie oft in meinem Leben schon hatte ich mich selbst mit diesen Worten identifiziert, wohlgemerkt mit den letzteren. Und es tat so gut, dass der Herr sich auf diese Stufe zu mir herabbeugte und mich berief zu Seiner Ehefrau!
Von da an war ich gefestigt.
Berufen!
Bewahrt und geborgen!

So wurde diese zweite Reise zu einer Segensreise für mich ganz persönlich!
Eine wunderbare Reise! Denn mir wurde klar, dass Gott Freude daran hat, uns Gutes zu tun!
Das teure Hotel erhielt ich beim Auschecken zu einem unglaublich günstigen Preis, sodass der Kassierer selbst sehr über den im PC veranschlagt Betrag verwundert war.
Die Bibelstelle mit dem Ehemann endet übrigens mit den Worten: *...Dann werde ich dir die Bitten deines Herzens erfüllen!* (HOSEA 2,23)

Die dritte Reise wurde zur Heimreise!
Ich fand mein Haus!
Gut erhalten, liebevoll gepflegt, an einem Touristenknotenpunkt, von dem man sternförmig in die schönsten Gegenden gelangen konnte, sei es mit Rad oder Auto. Und der Hammer: nicht mal hundert Meter entfernt von einem Meeresarm mit Schwimmstrand.
Schon bevor ich das wusste und in diesen kleinen Fischerort einfuhr, entfuhren mir laut die Worte: „Oh Herr, hier ist es gut!" Ich fühlte es.
Als ich das Häuslein mit dem kleinen Garten betrat, fand ich trotz kleiner Größe zwei Bäder vor – sehr, sehr ungewöhnlich.
So ist Gott!! Ein kleines, reetgedecktes Ferienhaus am Meer! Man wollte es mir so lange festhalten, bis ich mein Haus verkauft habe. Auch das war unglaublich. Selbst im Preis kam man mir noch entgegen. Dieses ältere Ehepaar musste es aufgeben, da sie krank wurden und zum Sohn zogen. Sie wollten es mir gerne geben. Ich glaube, wir mochten uns auf Anhieb. Sie erinnerten mich an meine Eltern. Bei der Übergabe standen ihnen die Tränen in den Augen.

Der Abschied von der Heimat viel mir sehr leicht, beängstigend leicht! Aber die Freude auf das neue Leben war so übermäßig, dass alles andere verblasste.
Der Abstand zu dem Ort, wo ich so viel Not erlebte, wirkte sehr erleichternd auf mein Gemüt.
Selbst meine Familie zurückzulassen, tat mir gut!
So haben Tysen, seine Mama und ich einen ersten, wunderbaren Sommer hier verbracht und eine viel intensivere Zeit miteinander haben können, als die vergangenen, oft problembeladenen Stippvisiten.

Nun, mein Sohn wird über kurz oder lang Gott begegnen und SEIN Werkzeug werden. Doch bis dahin ist noch einiges aus dem Weg zu schaffen und an seiner Seele heil zu machen.

Mich hat Jesus mit einer wunderbaren Ruhe ausgestattet, sodass dieser Neustart tatsächlich altes hinter mir lässt und mein Blick gespannt nach vorne gerichtet ist.
Das Räumen des alten Hauses, das ganze Ab- und Ummelden, der weite Abtransport der Möbel durch ein Umzugsunternehmen, all das musste ich parallel zu meinem Noch-Job organisieren und ich wäre schier verzweifelt, hätte ich nicht die deutliche Weisung in mir getragen: „Mache alles Schritt für Schritt. Jeden Tag einen Schritt!" Es ging, es funktionierte, obwohl ich alles alleine bewerkstelligte. Rückwirkend halte ich es für ein einziges Wunder. Wie hab ich das nur geschafft!

Mein Wunsch ist es, hier für die Menschen irgendwie zum Segen sein zu dürfen.

Daves Lebenswandel streckte bis in die neue Heimat seine Fühler nach mir aus durch regelmäßige, nächtliche Anrufe. Denn seine neue Beziehung eskalierte oft in handfesten Streitereien, bis hin zu gegenseitigem Zufügen von Verletzungen, Bedrohungen mit dem Messer und Verwüstungen in der Wohnung, die oft unter Einsatz von Polizei endeten. Dann rief man nach Mama, wodurch ich in das unmittelbare, schreckliche Geschehen involviert wurde und Streitschlichterrolle übernehmen sollte.
Hilflos und ohnmächtig, fast 1000 Kilometer entfernt, versuchte ich zuerst zu händeln, doch als ich zum Prellbock der Beiden wurde und das letztendlich, ohne dass ihrerseits irgendwelche Konsequenzen gezogen wurden, brach ich den Kontakt ab, zumal ich regelmäßig angegriffen, beschimpft und verklagt wurde.
Das nimmt mein Sohn mir bis heute übel und ich muss sagen: Keinen Kontakt zu ihm zu haben tut mir sehr, sehr gut. Ich weiß ihn geborgen in Gottes Armen.
Er hatte sich in dieser schlimmen Phase auch von seinem Sohn zurückgezogen und für ein halbes Jahr lang den Kontakt abgebrochen.
Eines Tages rief mich mein kleiner Enkel an, weinend mit den Worten: „Oma, sag meinem Papa, ich vermiss ihn so!“ Zum Herz zerreißen!
Ich schickte eine SMS und teilte ihm den Wunsch seines Kindes mit. Daraufhin nahm er den Kontakt wieder auf und scheint in diesem Punkt sein altes Versprechen wahr werden zu lassen, Vater sein zu wollen.
Ich erhielt eine SMS mit den Worten: „Und wo bist du als Mutter für mich?“

Auf meinen weiteren Überlegungen, wie ich hier meine

Existenzgrundlage finde, lenkte Gott meinen Blick auf eine Fernausbildung als christlich-therapeutische Seelsorgerin, die ich wie ein durstiger Schwamm aufgesaugt habe und mich nun Lebensberaterin nennen darf.
Durch ein kleines finanzielles Polster – denn ich verkaufte mein Haus, trotz schlechter Immobilienpreise, ebenfalls erstaunlich gut – ist es mir möglich, alles in Ruhe und mit dem Bewusstsein anzugehen, dass ich von Gott geliebt bin, Er mein Ehemann sein möchte, Sorge für mich trägt und mich Schritt für Schritt leiten wird.
Ich durfte nette Menschen kennenlernen und Freundschaften entwickelten sich. Ich lebe in einer momentanen Leichtigkeit, so eine Art herausgehoben sein aus der Schwere, sowohl des Gemütes, als auch des alltäglichen Lebens an sich. Es fühlt sich gut an!
So konnte ich in Ruhe und nach meiner Zeit- und Krafteinteilung mein Häuslein herrichten für die erste Feriensaison und erlebte einen wunderbaren ersten Sommer mit vielen Überraschungen!
Unerwartete Gäste aus der Heimat mieteten mein Ferienzimmer. Tysen und seine Mama waren hier. Wir gingen segeln, schwimmen und genossen unser Miteinander in vollen Zügen. Und abends beteten wir zusammen! Denn Gott hat meine Schwiegertochter für den Glauben geöffnet. Das ist für mich das erste Einlösen Seines Versprechens an mich, was meine Kinder betrifft. Was für ein Geschenk!

Mein Garten bietet sich zum Ausstellen meiner Bilder geradezu an, denn er liegt an einer Wanderpromenade und viele Touristen benutzen ihn.
Gleich im ersten Jahr durfte ich schon einige verkaufen. Das Malen geht mir hier so leicht von der Hand. Auch das ist

eine schöne Erfahrung.
Im Dorf hat man mich angenommen und erweist mir Freundlichkeit und Zuneigung. Auch begegnete ich Menschen, mit denen ich den Glauben teile, wertvolle, bereichernde Kontakte.

Es ist alles wie ein Sabbat-Jahr,
ein Sabbatical, ein Zwischenjahr,
welch liebevolle Fürsorge!
Eine schrittweise Zubereitung auf das Kommende!
Sehr spannend! Und sehr befriedigend!

Jetzt beende ich die Überarbeitung dieses Buches. Ich habe auf einen Lektor verzichtet, verzichten müssen, denn das ist sehr kostenaufwendig. So hoffe ich, dass sich nicht allzu viele Fehler und komische Satzkonstruktionen eingeschlichen haben. Aber das bin dann auch ich selbst, unfertig und fehlerhaft, so wie dieses Manuskript eben.

Und überhaupt, gibt es einen schöneren Platz zum Schreiben, als hier am Fenster, mit dem Blick hinaus auf's Wasser. Hier türmen sich die Eisschollen am Ufer, ein Eisbrecher hält die Schiff-Fahrrinne frei und eine Kegelrobbe hat sich an meinen Strand verirrt.
In dieser geschützten Bucht sammeln sich über die kalte Zeit viele Schwäne. Sie sehen aus wie tanzende Schaumkronen auf dem Wasser. Wenn sie fliegen hört es sich an, als hätte jemand vergessen, ihre Scharniere zu ölen.
Auch Seeadler fanden wieder den Weg in dieses Vogelparadies. Die Sonne scheint und einige Spaziergänger genießen die herrliche Idylle. Ansonsten ist es im Winter einsam hier. Und sehr, sehr friedlich.

Einen Gedanken möchte ich noch ansprechen.
Als Leser dieses Buches mag man zwischendurch gedacht haben: „Warum hält sie immer noch an Gott fest? Da ist doch nur Not auf Not!“

Nun, ohne diese Zurüstung,
ohne all die Wege und Umwege,
wäre ich nie die, die ich jetzt sein darf!
Niemals hätte ich alleine in die Fremde gehen können,
nie wäre soviel Ruhe eingekehrt,
um das weitere Schicksal meines Sohnes,
nie wäre ich zu dem Maß an Vertrauen gelangt,
ohne all das ersichtliche Hindurchtragen,
Herausretten und vor allem Freisetzen.
Frei von Süchten!
Ohne Gott in meinem Leben, wäre mein Weg nicht gewesen, wie er gewesen ist! Und spannend, wie er noch werden wird!

Mein Staunen gehört Jesus, meinem Gott!!!!

Nachwort

Nun habe ich noch eine persönliche Bitte:
Solltet ihr hier einen Charakter wiederfinden, von dem ihr glaubt, in ihm einen euch bekannten Menschen zu erkennen, setzt es nicht einfach voraus, sondern geht zuerst zu dieser Person hin und fragt nach.
Lasst euch ihre Sicht erklären. Holt euch ihre Meinung ein. Fragt sie, ob es geheim bleiben soll, oder genannt werden darf.
Zum Schutz aller Beteiligten habe ich die Namen geändert. Es könnte also sein oder nicht sein, es könnte aber auch nur ein ähnliches Schicksal sein.
Deshalb nicht spekulieren, sondern fragen!
Auch ich möchte zu Fragen und Antworten bereit sein, was aber vorerst nur über eine „getarnte“ Person möglich sein wird.